Hans Joachim Schliep

Christus in der Arbeitswelt

Hans Joachim Schliep

Christus in der Arbeitswelt

Der Sozial- und Kirchenreformer Wilhelm Fahlbusch (1929 bis 2014)

Fromm Verlag

Imprint
Any brand names and product names mentioned in this book are subject to trademark, brand or patent protection and are trademarks or registered trademarks of their respective holders. The use of brand names, product names, common names, trade names, product descriptions etc. even without a particular marking in this work is in no way to be construed to mean that such names may be regarded as unrestricted in respect of trademark and brand protection legislation and could thus be used by anyone.

Cover image: www.ingimage.com

Publisher:
Fromm Verlag
is a trademark of
International Book Market Service Ltd., member of OmniScriptum Publishing Group
17 Meldrum Street, Beau Bassin 71504, Mauritius
Printed at: see last page
ISBN: 978-613-8-36520-4

In dankbarer Erinnerung an
KARIN FAHLBUSCH
geb. Schneemann
WILHELM FAHLBUSCH
und
MICHAEL KLATT

INHALTSVERZEICHNIS Seite

Zur Einführung

Dieses Buch ist Wilhelm Fahlbusch in memoriam gewidmet; am 8. Oktober 2019 wäre er 90 Jahre alt geworden. Lebte er noch, hätte er auch seine vor ihm verstorbene Ehefrau Karin erwähnt wissen wollen. Denn ihm war klar, dass er ohne sie, die selbst in beider gesellschaftlichem Umfeld, u. a. viele Jahre als Kirchenvorsteherin in der Ev.-luth. Marktkirche Hannover, sich unermüdlich ehrenamtlich eingesetzt hatte, seine Berufung und seinen Beruf niemals hätte ausüben können.

In der Widmung erwähne ich ebenfalls Michael Klatt (1951 bis 2020). Nur wenige Tage nach Abschluss der Vorbereitungen zu dem Symposium „Wilhelm Fahlbusch weiterdenken" (siehe Anm. 114) und während der Korrekturarbeiten an den hier vorliegenden Grundzügen des Denkens und Wirkens von Wilhelm Fahlbusch ist er völlig unerwartet verstorben. Er war Pastor in Bad Münder (1981 bis 1992), Superintendent in Hannover-Ost (1992 bis 2005) sowie als Landessozialpfarrer und Leiter des Kirchlichen Dienstes in der Arbeitswelt der Ev.-luth. Landeskirche Hannovers (2005 bis 2016) einer der Nachfolger von Wilhelm Fahlbusch, für dessen Andenken er sich sehr einsetzte (siehe Anm. 7). Wie so viele Menschen vermisse ich Michael Klatt, den zugewandten, sachkundigen und tatkräftigen guten Freund. Seiner soll, ja muss hier ebenfalls gedacht sein!

In dieser Schrift geht es um Kirchen- und Sozialreform, der über die Grenzen seiner Landeskirche hinaus der Pastor und Professor Wilhelm Fahlbusch zahlreiche starke Impulse gegeben hat. Er war ein Vorausdenker, dessen Prognosen von Jahr zu Jahr an Aktualität gewannen. Seine realutopischen Visionen sind gerade jetzt alles andere als abgegolten. Die SARS-CoV-2-Pandemie wirbelt unser soziales und politisches Gefüge durcheinander. Niemand kennt ihr zeitliches Ende und ihre sachlichen Folgen! Erneut stehen Kirche und Gesellschaft vor elementaren Fragen: Wie wollen, wie können wir weiterleben? Welche spirituellen und sozialen, ökologischen und ökonomischen Ressourcen brauchen wir, um die Lebensperspektiven kommender Generationen in einer dem Lebendigen weiterhin Raum gebenden statt erschöpften natürlichen Mitwelt zu erhalten?

Über Not überwindende, neue Nöte verhindernde wirtschafts-, sozial-, umwelt-, gesundheits-, kirchen- und rechtspolitische Transformationen hat Wilhelm Fahlbusch seit den 1960er Jahren nachgedacht. Auf Basis sowohl einer Sozialen Marktwirtschaft als auch theologisch des »Priestertums aller Getauften« spielen dabei die Formen menschlicher Arbeit und die Formen der Teilhabe aller Menschen an den natürlichen Hervorbringungen und technischen Erzeugnissen die entscheidende Rolle.

Zur Quellenlage im Blick auf Wilhelm Fahlbuschs Œuvre und zu meinem Umgang mit den Quellen geben die Anmerkungen 4, 7 und 8 Auskunft. Vor jeder eigenen Interpretation wollte ich Wilhelm Fahlbusch selbst zu Wort kommen lassen! Doch bei dem Umfang des Nachlasses waren Paraphrasen und Fokussierungen unvermeidlich. Die Literaturhinweise sollen den aktuellen Diskussionsstand wenigstens insoweit dokumentieren, als sie zur Weiterbeschäftigung mit den Themen anregen können.

Gelegentlich habe ich auf persönliche Begegnungen zurückgegriffen. Unser gutes Verhältnis zueinander hatte in Kongruenz und in Differenz einen starken Anker in den Sachthemen. Dabei gab es, da ich aus einer Technikerfamilie ohne kirchliche Verwurzelung stamme und vier Jahre auf einer großen Schiffswerft gearbeitet habe, trotz des Altersunterschieds von 16 Jahren viele lebensgeschichtlich verbindende Erfahrungen. Noch heute empfinde ich es als Ehre, in den 1980er Jahren ein Semester lang Wilhelm Fahlbusch an der damaligen Ev. Fachhochschule Hannover in Vorlesung und Seminar vertreten gedurft zu haben.

Hannover, 1. Mai 2020 *Hans Joachim Schliep*

[1] Evangelium und Industriekultur

»Evangelium« und »Industriekultur«: Was haben die miteinander zu tun? In der kleinen Schrift »Christus in der Arbeitswelt«,[1] in der »Theologische Grundsätze des Kirchlichen Dienstes in der Arbeitswelt (KDA)« zur Diskussion gestellt werden, wird von einem massiven Widerspruch zwischen den mit beiden Begriffen jeweils annoncierten Vorstellungen ausgegangen: [These 1] *In der Arbeitswelt kommt Gott nicht mehr vor. Sie ist in einem radikalen Sinn gott-leer. Gott ist als Arbeitshypothese nicht mehr nötig.* Die Gegenthese folgt wenige Seiten später: [These 2] *In der Arbeitswelt stellt sich die Frage nach Gott in besonderer Dringlichkeit und Zuspitzung, weil sie einerseits die Fragwürdigkeit des menschlichen Daseins in besonderer Weise aufdeckt und andererseits immer wieder als der Bereich missverstanden wird, in dem der Mensch seine letzte Selbstverwirklichung findet.* (CidA, S. 16+20)

Mit diesen beiden einleitenden Thesen sollen sowohl die Mitarbeitenden des Kirchlichen Dienstes in der Arbeitswelt als vor allem auch die Kirche selbst,[2] ja über die verfasste Kirche hinaus das gesellschaftliche Christentum,[3] der Protestantismus in seiner Pluralität, auf einen historischen Sachverhalt von grundsätzlicher Bedeutung aufmerksam gemacht werden: Im Zuge der Ausbildung von Industriegesellschaften im Laufe des 19. und des

---

[1] Karl Heinz BECKER/Wilhelm FAHLBUSCH/Walter SOHN: Christus in der Arbeitswelt. Theologische Grundsätze des Kirchlichen Dienstes in der Arbeitswelt (KDA), Vorlagen NF 6, Hannover 1988. Hier zitiert als CidA mit Seitenzahl. – Näheres, auch Kritisches in: Franz SEGBERS (Red.): Christus in der Arbeitswelt. Dokumentation der theologischen Tagung am 18. und 19.12.1989 in der Ev. Sozialakademie Friedewald, Friedewalder Texte 1/1991, hg. v. Ev. Sozialakademie Friedewald, Sozialwiss. Institut der EKD (SWI) Bochum und Kirchlicher Dienst in der Arbeitswelt – Industrie- und Sozialarbeit in der Ev. Kirche in Deutschland (KDA-EKD) Bad Boll/Württ.

[2] Vgl. Arthur RICH: Christliche Existenz in der industriellen Welt, Zürich/Stuttgart 1957; DERS.: Die Weltlichkeit des Glaubens. Diakonie im Horizont der Säkularisierung, Zürich 1966.

[3] Dietrich RÖSSLER: Grundriss der Praktischen Theologie, Berlin/New York 1993, unterscheidet „kirchliches, gesellschaftliches und privates Christentum".

20. Jahrhunderts sind durch weitgehend fabrikmäßige Produktions- und marktstimulierte Konsumtionsweisen lebensbestimmende Strukturen und Institutionen entstanden, in denen die Menschen mittels ökonomischer und technischer Logiken ihre Mündigkeit ausleben und sich in wachsender Unabhängigkeit von kirchlich vermittelten religiösen Praktiken und Denkweisen ihre Sinnwelten selbst schaffen. Wenn nämlich statt einst Kirchenglocken nun Fabrikuhren die Lebensrhythmen bestimmen, rücken das Produkt und seine Produktion und damit die Produktivität, die als Kapitalrendite bilanziert wird, ins Lebenszentrum. Dadurch wird einerseits in den Industrie- und Handelsnationen ein wachsender Wohlstand generiert, andererseits werden soziale Abhängigkeiten und Verwerfungen hervorgerufen, wie sie sich in der »Sozialen Frage im 19. Jahrhundert« und als gesellschaftspolitische Kernkonflikte im 20. und 21. Jahrhundert zeigen.[4] Gerade in diesem Spannungsfeld steht das Menschsein zur Debatte, wie es hier in vier Fragen angedeutet werden soll: Was ist der Mensch unter dem Druck industrialisierter Funktionsabläufe, in einer dehumanisierenden Arbeitswelt, in den Zwängen von Konsum und Renditeerwartungen? Was ist der Mensch in einer Gesellschaft, die sich generell und individuell über ihre Selbstwirksamkeit durch Arbeit definiert, wenn er den Leistungsanforde-

---

[4] Siehe Günter BRAKELMANN: Die soziale Frage des 19. Jahrhunderts, Witten 1962 (etwa 20 Aufl.); DERS.: Kirche, Protestantismus und Soziale Frage im 19. und 20. Jahrhundert, Band 1+2, Münster/Berlin/Wien 2018. Zum Wandel der Denk- und Handlungsmuster Alexander DIETZ: Der homo oeconomicus. Theologische und wirtschaftsethische Perspektiven auf ein ökonomisches Modell, Gütersloh 2005. Zum Überblick über Positionen und Praxis der ab 1974 »Kirchlicher Dienst in der Arbeitswelt« genannten »Industrie- und Sozialarbeit« der Ev. Kirche in Deutschland nach 1945, insbesondere nach der richtungweisenden Espelkamper EKD-Synode 1955, siehe Reinhard VELLER: Theologie der Industrie- und Sozialarbeit. Zur Theologie der evangelischen Industrie- und Sozialarbeit, Köln/Bonn 1974. Zur Geschichte und bis zur Mitte des 19. Jahrhunderts zurückreichenden Vorgeschichte des KDA vgl. Matthias JUNG (Hrsg.): Jenseits der Mauern „kirchlicher Tradition und Gewohnheit“. Die Geschichte des Kirchlichen Dienstes in der Arbeitswelt der Ev.-luth. Landeskirche Hannovers, Hamburg 2020; Matthias JUNG (Hrsg.): Menschen stärken, Sachen klären, Position beziehen. Wie Kirche den Wandel in der Arbeitswelt mitgestaltet, Leipzig 2020.

rungen nicht nachkommen kann oder in wirtschaftlichen Krisen seinen Arbeitsplatz verliert? Welche Zukunft hat die Menschheit, wenn es auf dieser nur einmal vorhandenen Erde infolge überdimensionierten Ressourcenverbrauchs, Klimawandels und enormen Artensterbens zu einem lebensbedrohlichen Kreislaufkollaps kommt? Was ist der als Naturwesen geschaffene Mensch, wenn er, statt am Erhalt der natürlichen Lebensgrundlagen im Rahmen des göttlichen Erhaltungswillens mitzuwirken, just die Naturbedingungen zerstört, von denen er lebt?

Die Autoren von »Christus in der Arbeitswelt« kommen zu der Einsicht: *In der radikalen Fragwürdigkeit der Arbeitswelt durch die immer radikaler und umfassender in ihr herausgearbeitete Frage nach dem Menschen erscheint nun eine neue Möglichkeit elementarer und konkreter, d. h. auch alltäglicher und politischer von Gott zu reden, als das vielleicht jemals der Fall gewesen ist.* (CidA, S. 27)[5] Wer indes hauptberuflich oder ehrenamtlich die christliche Botschaft im Lebensbereich des Arbeitens und Wirtschaftens, inmitten der Strukturen und Institutionen der Industriegesellschaft lebendig werden lassen will, muss den kirchlichen Binnenraum verlassen und eigene Erfahrungen und fundierte Kenntnisse im Wirtschafts- und Arbeitsleben besitzen und bedenken. Die von Christus berufene, an ihm sich orientierende Kirche kann nur eine »Kirche für andere« (Dietrich Bonhoeffer) sein.

---

[5] Vgl. etwa 20 Jahre vor CidA Manfred LINZ (Hrsg.): Die sog. Politisierung der Kirche, Hamburg 1968 (dort auch zu W. Fahlbusch). Zum Thema „Kirche und (soziale) Konflikte" siehe Wolfgang HUBER: Protestantismus und Protest, Reinbek 1987; Ernst-Ulrich HUSTER: Konsens im sozialen Konflikt: zur Relativität sozialer Gerechtigkeit aus kirchlicher Sicht. Die wirtschafts- und sozialpolitische Programmatik der Kirchen in der Bundesrepublik Deutschland, in: Heidrun ABROMEIT/Göttrik WEWER (Hrsg.): Die Kirchen und die Politik, Opladen 1989, S. 180-200; Klaus TANNER: Organisation und Legitimation. Zum internen Stellenwert politischer Stellungnahmen der Ev. Kirche in Deutschland, in: EBD.: S. 201-220. Zahlreiche immer noch lesenswerte ältere Beiträge zum Themenfeld Ethik-Kirche-Politik (u. a. von E.-W. Böckenförde, J. Habermas, M. Horkheimer, G. Howe, R. Niebuhr, P. Tillich) finden sich in Heinz-Dietrich WENDLAND (Hrsg.): Politik und Ethik, Darmstadt 1969.

Gerade so gehört sie mitten hinein in die religions-indifferente, ja religionsfremde Arbeitswelt, die der entscheidende dynamische Antrieb unserer Lebenswelt ist. »Christus in der Arbeitswelt« ist Kirche Jesu Christi sowohl in sich selbst wie auch als Forum zum gesellschaftspolitischen Konfliktaustrag in den Debatten und in den Zerreißproben der Zeit![6] Die in Jesus Christus gestiftete, in ihm geschichtlich gewordene »Humanität aus Glaube, Hoffnung und Liebe« ist konkret, sie ist fromme Weltlichkeit.

[2] Stationen und Traditionen

Einer der Mitautoren der herausfordernden Schrift »Christus in der Arbeitswelt« war Wilhelm Fahlbusch. Am 8. Oktober 2019 wäre er 90 Jahre alt geworden. Dieses nun schon zurückliegende Datum wird hier zum Anlass genommen, auf sein vielfältiges Wirken in der Ev.-luth. Landeskirche Hannovers, in der Konföderation evangelischer Kirchen in Niedersachsen und in der Ev. Kirche in Deutschland hinzuweisen.[7] Zu diesem Zweck wer-

---

[6] Zur hoch umstrittenen Frage der »Parteilichkeit« der Kirche vgl. Walter SOHN: Der soziale Konflikt als ethisches Problem, Gütersloh 1971; Konrad RAISER: Parteinahme und Brüderlichkeit und die Aufgabe der Versöhnung, in: botschaft und dienst (bud), Heft 5/1977, S. 10 bis 21; Georg FUHRMANN: Parteilichkeit als Verpflichtung. Zur Standortbestimmung in der Fortschrittskrise, Vorlagen H. 7, Hannover 1981.

[7] Mein Dank gilt der Familie Fahlbusch, namentlich Pastorin Jennifer Gillner-Bazo geb. Fahlbusch in Handeloh (KK Winsen-Luhe), für die Überlassung des Nachlasses ihres Vaters sowie für dessen Sichtung und Transport Landessozialpfarrer i. R. Michael Klatt†, Hannover. Die Idee für diesen Beitrag geht zurück auf Prof. em. Dieter Aschenbrenner, Religionspädagoge an der Ev. Fachhochschule Hannover, und Oberlandeskirchenrat i. R. Hans-Joachim Rauer, beide Hannover. Unterstützt von Pastor Arend de Vries, Geistl. Vizepräsident im Landeskirchenamt Hannover, und Pastor Ralf Tyra, Direktor des Hauses kirchlicher Dienste, haben sich der Aufarbeitung der Erinnerung an Wilhelm Fahlbusch – z. B. durch Interviews mit Zeitzeugen, Planung eines Symposiums – angenommen: Landessozialpfarrer Dr. Matthias Jung, Prof. em. Dr. Martin Cordes (früher Ev. Fachhochschule Hannover FB II), Landessozialpfarrer i. R. Michael Klatt†. Ebenfalls zu danken ist den Mitarbeitenden in der Bibliothek und im Archiv der Ev.-luth. Landeskirche Hannovers und allen Personen, die Erinnerungen an Wilhelm Fahlbusch beigesteuert haben, wie Hartmut Badenhop, Joachim Döring, Otto Lange u. a. – Meiner Frau Gabriele danke ich für mehrfache Durchsicht des gesamten Textes, namentlich auch des Literaturverzeichnisses, vor allem für ihren Langmut, mit dem sie es ertragen hat, dass 1 ½ Jahre lang unzählige Schriftstücke aus dem Nachlass von Wilhelm Fahlbusch jeden

den sein Leben und sein Wirken und Lehren als Pastor und Professor, als Seelsorger und Synodaler dargestellt.[8]

Wilhelm Fahlbuschs Berufsweg vom Kind einer Eisenbahnerfamilie zum Pastor und Fachhochschul-Professor für Systematische Theologie/Sozialethik schien ihm nicht in die Wiege gelegt zu sein. Über manche Überraschungen und manches Unerwartete in seinem Leben berichtet er anschaulich in einem Interview am 19.10.1995, in dem er zunächst von seiner Herkunft aus dem Arbeitermilieu erzählt.[9] Geboren wird Hermann Wilhelm Fahlbusch am 8. Oktober 1929 in dem Arbeiterdorf Weende bei Göttingen; verstorben ist er am 9. August 2014 in Hannover. Er erlebt seine Kindheit und den wesentlichen Abschnitt der Schulzeit im Nationalsozialismus, bleibt diesem von der sozialdemokratisch orientierten Familie her gegenüber reserviert, entgeht aber den Jugendorganisationen der Nazis

---

freien Platz in unserer Wohnung beansprucht haben. Verbliebene Fehler gehen auf mein Konto.

[8] Zum Umgang mit dem Quellenmaterial: Wilhelm Fahlbusch hat vor allem durch unzählige Vorträge auf allen kirchlichen Ebenen und über den Raum der Kirche hinaus sowie durch Vorlesungen als Fachhochschullehrer gewirkt. Schätzungsweise 1/3 der Vorträge sind an sehr verschiedenen, heute nur Fachkennern zugänglichen Stellen veröffentlicht. Die Vorlesungen, ctliche Predigten und weitere unveröffentlichte Texte finden sich nicht selten undatiert und ohne Ortsangabe im Nachlass, in der Mehrzahl als handschriftliche, teils vollständige, teils nach wenigen Seiten abbrechende oder nur in Stichworten notierte Konzepte. Nur wo Manuskripte und Notizen aus dem Nachlass gegenüber den publizierten Texten völlig Neues enthalten, werden diese als Quellen herangezogen. Insgesamt konnte ich, sollte dieser Beitrag nicht uferlos werden, nur eine kleine Auswahl der schriftlich vorliegenden, aus meiner Sicht besonders charakteristischen Fahlbusch-Texte vorstellen. Wer sich über die sozialethischen Traditionen der Ev.-luth. Landeskirche Hannovers sowie die Entwicklung der Industrie- und Sozialarbeit zum Kirchlichen Dienst in der Arbeitswelt informieren möchte, studiere das Anm. 4 erwähnte Buch von Matthias JUNG (Hrsg.)/Dirk RIESENER (Hauptverfasser) sowie Martin CORDES (Hrsg.): ...nur ein Pflästerchen? Evangelisch-soziales Handeln im Industriezeitalter – Hannover 1834-1989, Beiheft zur Ausstellung in der Marktkirche Hannover (29.1. bis 26.2.1989) aus Anlass des 60-jährigen Bestehens der Sozialwissenschaftlichen Studiengesellschaft in der Ev.-luth. Landeskirche Hannovers, Hannover 1989.

[9] Abgedruckt in Martin CORDES/Heinrich GROSSE (Hrsg.): »Kirche, guck über deine Mauern!« – Interviews zur Entwicklung des hannoverschen Kirchlichen Dienstes in der Arbeitswelt (KDA) nach 1945, Quellen und Forschungen zum evangelischen sozialen Handeln Bd. 14, Hannover 2002, S. 122-159 (zitiert als KüM mit Seitenzahl).

nicht, sondern macht mit, wie Kinder mitmachen. Im Alter von noch nicht einmal 15 ½ Jahren, Arbeitsdienst und Wehrertüchtigungslager überspringend, wird der Junge Wilhelm im Januar 1945 zur Marine nach Flensburg eingezogen, die nächsten Einsatzorte sind Glücksburg, Rostock und Stralsund: *Wir sind dann mit Segelschiffen, so Rennyachten, über die Ostsee nach Flensburg gefahren und haben Flüchtlinge mitgenommen.* (KüM, S. 126) Ob hier sein Berufswunsch, Schiffskapitän zu werden, entsteht? In Gefangenschaft gerät er in Flensburg, bleibt bis September 1945 interniert in Dänemark, bis er in zehn Tagen Fußmarsch über Flensburg zur Familie nach Göttingen fliehen kann. Inmitten der materiellen und noch stärker ideellen Nachkriegszerstörungen und -desorientierungen kann Wilhelm Fahlbusch ab Anfang 1946 wieder die Realschule besuchen, sich auf die Aufnahmeprüfung zur Oberrealschule vorbereiten und dann am 3. März 1950 das Abitur am (jetzt) Felix-Klein-Gymnasium in Göttingen ablegen.

In dieser Zeit spürt der Heranwachsende deutlich die Verbundenheit seiner Familie zur Sozialdemokratie und deren Fremdheit gegenüber der Kirche. Unbeschadet dieser Fremdheit, die sich schon seit langem in Kirchenaustritten der Männer, weniger der Frauen manifestiert, bleibt ein Grundinteresse an der Kirche insofern erhalten, als nicht nur an volkskirchlichen Traditionen (Taufen, Konfirmationen, Trauungen, Beerdigungen) festgehalten wird, sondern zugleich eine überaus kritische Befragung der Kirche wegen ihres mangelnden Widerstands gegen das Nazitum stattfindet. Die heftige Kirchenkritik der Arbeiter in Göttingen-Weende und -Grone geschieht auf der Grundlage der Überzeugung, dass das Christentum in Wahrheit und dem Grunde nach dem Sozialismus nahe steht. Die Kirche hat sowohl in der Entfremdung von der Arbeiterschaft als auch in weitgehender Gefolgschaft der nationalsozialistischen Politik versagt, aber die christliche Botschaft und der Sozialismus haben Ziele, die mehr in Konvergenz als in Konkurrenz zueinander stehen. Die lokalen Kirchengemeinden sind bei allen Kontrasten und Kontroversen diskussionsbereit und lassen sich hinterfragen. In Wilhelms Konfirmator Pastor Krohn, der ihn auch zum Besuch des Gymnasiums (Oberrealschule) motiviert, finden er und andere junge Menschen eine Persönlichkeit, die ihren nationalsozialistisch verengten Horizont erweitert und ihnen nach der ideellen Ausdörrung neue Orientierung gibt, z. B. durch seine mit den jungen Menschen geteilten weitgestreuten literarischen Interessen und Kompetenzen. Und zwei Diakone, Otto Grusdat vom Kasseler CVJM-Johanneum und Werner Kasolowski vom Stephansstift in Hannover, gestalten eine lebendige Jugendarbeit, in der sowohl die Bibel gelesen wird als auch heftige Diskussionen zu aktuellen Themen an der Tagesordnung sind sowie das Laien-Schauspiel und andere musische Talente geweckt und gepflegt werden. Zudem kommt Wilhelm Fahlbusch in Kontakt zur auf die persönliche Aneignung der Christusbotschaft ausgerichteten Göttinger Jugend- und Studentenarbeit des späteren Pastors Olav Hanssen (1915-2005), der vor seinem Theologiestudium Maurer und Architekturstudent gewesen war und durch eine besonders stark bibeltextbezogene, die Feinheiten vor allem des Griechischen genau beachtende Auslegung zu interessieren wusste.

Der junge Fahlbusch bleibt seiner Herkunft aus einer kirchenkritischen, sozialistisch bzw. sozialdemokratisch eingestellten Eisenbahnerfamilie auch gedanklich eng verbunden, ihm öffnen sich zugleich bisher unbekannte Lebensdimensionen im Glauben an Jesus den Christus. Er geht häufiger zur Kirche, d. h. vor allem in den Gottesdienst. Hautnah erlebt er die Spannungen und Gegensätze zwischen Arbeitswelt und Kirchenleben und gerät in manche gedankliche Zerreißproben, kann gleichwohl im Rückblick auf die Jahre von 1946 bis 1950 sagen, *dass aus einer ganz kritischen Distanz, die ich so vererbt bekommen habe über meine Familie,... doch eine sympa-*

thische Nähe sich entwickelt hat. (KüM, S. 129) Dass seine Kirchengemeinde den sozialen und politischen Themen Raum gab, dass über die Nazi-Diktatur und die Rolle der Kirche diskutiert wurde, dass die Systemfrage nach Sozialismus oder Kapitalismus als Zukunft eines neuen deutschen Staates gestellt und über die Themen Pazifismus oder Wiederbewaffnung und Europäische Gemeinschaft gestritten wurde, machte namentlich die Kirche vor Ort für den jungen Mann interessant, der hier sich eine Meinung bilden und hier sie freiweg äußern konnte. Zu diesem Kirchesein ohne Scheuklappen und ungeachtet von Mauern und Grenzen kam die Überzeugungskraft der Diakone Grusdat und Kasolowski sowie des bereits erwähnten Pastors Krohn, Wilhelms Konfirmator, hinzu, die ihm den Weg zum Glauben und in die Kirche öffneten und ihn zum Theologie-Studium in Göttingen motivierten, obschon über das gymnasiale Latinum hinaus noch das Graecum und das Hebraicum zu absolvieren sind. So studiert Wilhelm Fahlbusch von 1950 bis 1956, insgesamt sechseinhalb Jahre, im Hauptfach ev. Theologie und dazu Soziologie und Philosophie.

Dieses Studium, das Wilhelm Fahlbusch durch sein kleines Einkommen als Werkstudent bei verschiedenen Firmen finanziert, fällt in eine Umbruch- und Aufbruchzeit. Bedingt durch die Ost-West-Spaltung ab Mitte 1945 (Potsdamer Konferenz: 17.7.-2.8.) versammeln sich in Göttingen international bedeutende Wissenschaftler fast aller Fachgebiete, wobei heute noch in allgemeiner Erinnerung die Atom-, Astro- und Quantenphysiker sind (z. B. Max von der Laue, Otto Hahn, Werner Heisenberg, Carl F. von Weizsäcker, Max Planck), von denen einige zur ethischen Dimension ihrer Forschungen Vorlesungen halten. Der Student Wilhelm Fahlbusch hört tief beeindruckt die letzten Logik-Vorlesungen des berühmten Neukantianers Nikolai Hartmann! Er empfängt also enorm viel Anregungen, auch in einem theaterwissenschaftlichen Arbeitskreis um Heinz Hilpert, Regisseur des

Deutschen Theaters Göttingen. Neben dem Studium u. a. bei dem Systematischen Theologen Friedrich Gogarten, worüber noch Näheres auszuführen sein wird, studiert Wilhelm Fahlbusch bei dem Anthropologen Helmuth Plessner, dem spiritus rector der Soziologie in Göttingen. Der Student treibt gründliche Studien des Marxismus, engagiert sich im SDS, wo er sich insbesondere den Themen Wiederaufrüstung, Mitbestimmung und Eigentumsordnung widmet. Er beteiligt sich an einem Treffen Göttinger Studenten mit dem Ernst-Bloch-Seminar in Leipzig. Trotz seiner breit gestreuten Studieninteressen geht Wilhelm Fahlbusch seinen erkrankten Eltern auf ihrer landwirtschaftlichen Nebenerwerbsstelle von 6 Morgen Größe zur Hand. Er resümiert im Interview mit Martin Cordes: *Das hat dann alles dazu geführt, dass ich mich verstärkt auch in der Theologie mit der Frage auseinandergesetzt habe, was hat also die Theologie mit der Gesellschaftsentwicklung zu tun, mit der Gesellschaft überhaupt.* (KüM, S. 133)
Indes, über die protestantische Antwort auf die »Soziale Frage im 19. Jh.« erfährt Wilhelm Fahlbusch im Studium nichts. Und die Prüfungskommission der Ev.-luth. Landeskirche Hannovers hält eine diesem Kandidaten der Theologie auferlegte „Abhandlung über die Sakramentslehre des Catechismus Romanus und ihre heutige theologische Entfaltung“ für wichtiger.[10] Mit dieser schriftlichen Examensarbeit als Grundlage ist Wilhelm Fahlbusch in der mündlichen Prüfung vom 3. bis 5.10.1956, wenige Tage vor seinem 27. Geburtstag, im 1. Theologischen Examen erfolgreich. Doch bevor er ins Vikariat geht, „studiert“ er die Arbeitswelt praktisch und theoretisch im »Seminar für kirchlichen Dienst in der Industrie« in Mainz-Kastel

---

[10] Der 1566 veröffentlichte Catechismus Romanus (genau: CATECHISMVS, Ex decreto Concilii Tridentini, AD PAROCHOS, PII QVINTI PONT. MAX. IVSSV EDITVS) ist eine für die Gläubigenunterweisung durch die Priester niedergeschriebene Zusammenfassung der Lehren des röm.-kath. Trienter Konzils (1545 bis 1563, mit Unterbrechungen).

(Gossner Haus) bei Pfarrer Horst Symanowski (1911-2009).[11] Seine praktische Tätigkeit beschreibt Fahlbusch so: *Ich hab bei Kalle in Wiesbaden gearbeitet, habe Wurstdarm hergestellt, habe über 60 Stunden in der Woche gearbeitet. Habe drei Wochen durchgeknüppelt, Sonnabend wie Sonntag, und in der 4. Woche haben wir am Sonnabend um 22 Uhr unsere Maschinen übergeben und mussten dann am Montag um 5.30 Uhr wieder da sein. Es gab dafür natürlich unwahrscheinlich viel Geld, also über 2.500,-- DM habe ich dafür gekriegt. Das war für die damalige Zeit ein Vermögen. Aber man musste also 65 Stunden im Grunde genommen durchknüppeln.* (KüM, S. 135) Wilhelm Fahlbusch berichtet dann vom Werdegang Horst Symanowskis, der aus eigener Einsicht, ohne z. B. von den französischen Arbeiterpriestern zu wissen, *der erste deutsche Arbeiterpfarrer geworden* ist: *Der [hat] einfach nur . . . gesehen, . . . die* (sc. Arbeiter) *kommen nicht mehr zu mir und die kommen nicht mehr in die Kirche. Es gibt da noch einen Weg, wir müssen jetzt zu denen gehen und müssen auf diese Weise überhaupt Erfahrungen sammeln, wie die leben, was die bewegt und warum sie nicht mehr kommen.* (KüM, S. 137)

Vom 1.5.1957 bis 31.3.1960 ist Wilhelm Fahlbusch zunächst Vikar in der Ev. Studentengemeinde Göttingen. Sein Mentor ist Studentenpfarrer Dr. theol. Walter Hartmann, ab 1958 Professor an der Pädagogischen Hochschule Bremen, den er ebenso wie den in der ESG tätigen Dr. theol. Wolf Dieter Marsch, der, ebenfalls im Jahr 1958, an die Ev. Akademie Berlin wechselt, vertreten muss, sodass er etwa ein Jahr lang als Vikar die ESG alleine leitet. Dann folgen die damals üblichen zwei Jahre im Predigerseminar Hildesheim, in dem er seine Mitvikare gründlich in Ernst Blochs Philo-

---

[11] Vgl. Horst SYMANOWSKI/Fritz VILMAR (Hrsg.): Die Welt des Arbeiters. Junge Pfarrer berichten aus der Fabrik, Frankfurt/M. 1964⁴; Horst SYMANOWSKI: Kirche und Arbeitsleben: Getrennte Welten? Impulstexte aus 1950–2000 und ihre bleibende Herausforderung, Münster 2005.

sophie, aber auch in die Theologie Karl Barths mit dem Schwerpunkt auf dessen Ethik einführt.[12] Durch den damaligen Studiendirektor, der ihm erst einmal die gründliche Barth-Lektüre anempfiehlt, wird Wilhelm Fahlbusch von seinem Promotionsprojekt abgebracht, das er dann auch nicht zu Ende führt, da ihn gleichsam die Arbeit, hier die in der Kirche, mit zahlreichen Aufgaben ruft. Vom 15. bis 17.3.1960 absolviert er das 2. Theologische Examen, die schriftliche Hausarbeit hat das Thema „Luthers Grundsätze der Schriftauslegung". Am 3.4.1960 wird Wilhelm Fahlbusch in der Ev.-luth. St. Martini-Kirche in Dransfeld durch Lothar Stark, den damaligen Landessuperintendenten für den Sprengel Göttingen, zum Pastor ordiniert.

Da die weiteren Stationen von Wilhelm Fahlbuschs Leben, soweit sie seine Berufstätigkeit betreffen, im Folgenden in inhaltlicher Hinsicht Gegenstand der Darstellung sind, darf sein weiterer Lebens- und Berufsweg hier nur im Überblick vorgestellt werden:

▹ Am 1.5.1960 wird Fahlbusch Pastor coll. in der Ev.-luth. Kirchengemeinde Bremke bei Göttingen mit dem zusätzlichen Auftrag, im Rahmen des ›Kirchlichen Dienstes in der Polizei und im Zollgrenzschutz‹ in der CVJM-Tagungsstätte „Haus Solling" bei Dassel Freizeiten und Seminare für Angehörige des Bundesgrenzschutzes, von denen viele in Bremke stationiert waren und mit ihren Familien wohnten, zu veranstalten. Der junge Pastor ist einer der Mitgründer der Volkshochschule in Bremke; dort beginnt sein lebenslanges konkretes Engagement in der (Ev.) Erwachsenenbildung.

▹ Ab dem 26.8.1961 ist er mit der Apothekerin Karin Schneemann (1940-2008) verheiratet, dem Ehepaar werden in den Jahren 1962, 1963, 1967, 1970 und 1974 vier Söhne und eine Tochter geboren.

---

[12] Hierzu sei verwiesen auf die „Bilder" von Horst HIRSCHLER: Gruß, in: Klaus HEIENBROK (Hrsg.): Profil und Dialog. FS Prof. Wilhelm Fahlbusch zum 60. Geburtstag, Friedewald 1989, S. 17-18.

▷ Am 1.1.1962 wird er zur Mitarbeit in der Männerarbeit der Landeskirche mit dem Schwerpunkt Industrie- und Sozialarbeit berufen (bis 30.4.1962 versieht er noch die Bremker Pfarrstelle), um dann nach Verselbstständigung dieses kirchlichen Handlungsfeldes ab dem 1.9.1963 zum Sozialpfarrer der Ev.-luth. Landeskirche Hannovers und Leiter des Kirchlichen Dienstes in der Arbeitswelt (KDA) berufen zu werden. In dieser Funktion gehört er zugleich der Studienleitung der Ev. Akademie Loccum an. Außerdem ist er fast sein ganzes Berufsleben lang einer der oft eingesetzten Prüfer in den beiden Theologischen Examina. Ab 1962 (Vorbereitung des DEKT in Dortmund 1963 unter dem Motto „Mit Konflikten leben") nimmt er überwiegend einzelne Themenbereiche mitgestaltend bis Mitte der 1990er Jahre an allen Deutschen Ev. Kirchentagen teil.

▷ Von 1968 bis 1978 ist Wilhelm Fahlbusch Bundesvorsitzender des KDA und Vorsitzender der Ev. Aktionsgemeinschaft für Arbeitnehmerfragen (AkfA) in der Ev. Kirche in Deutschland, seit 1987 wieder Vorstandsmitglied der der alten AkfA folgenden Ev. Konferenz für Arbeitnehmerfragen.

▷ Mit Wirkung vom 16.5.1973 überträgt ihm die Ev.-luth. Landeskirche Hannovers die Leitung des Planungsstabes für den Fachbereich II (Diakonie und Religionspädagogik) der seit 1971 im Aufbau befindlichen Ev. Fachhochschule Hannover.[13] Dort wird Wilhelm Fahlbusch 1974 Professor

[13] Wilhelm Fahlbuschs Rolle bei Gründung der Ev. Fachhochschule Hannover (Gründungsrektor: Paul Gerhard Jahn) durch das Zusammenführen mehrerer diakonischer Ausbildungsstätten (z. B. Wichernschule des Stephansstiftes, Höhere Fachschule für Sozialarbeit der Inneren Mission, Diakonenausbildung Stephansstift) bleibt hier ausgespart, da sie nur im Rahmen des Gesamtgeschehens dargestellt werden kann. Siehe immerhin Dieter ASCHENBRENNER: 60 Jahre Evangelische Fachhochschule Hannover. Kleine Geschichte ihrer Vorgängerorganisationen, Hannover 1987; Horst EXNER: Von der Christlich-Sozialen Frauenschule des Deutsch-Evangelischen Frauenbundes zur Evangelischen Fachhochschule Hannover. Kommentierte Dokumentation zur Geschichte der Ausbildung zum sozialen Beruf in Hannover von 1905 bis zur Gründung der Ev. Fachhochschule Hannover, Hannover 2005; Ulrike WINKLER/Hans-Walter SCHMUHL: Dem Leben Raum geben. Das Stephansstift in Hannover (1869-2019), Bielefeld 2019.

für Systematische Theologie und Sozialethik, ist Hochschulsenatsmitglied, von 1976 bis 1979 Prorektor und von 1979 bis 1985 Rektor (damit Mitglied der Deutschen Fachhochschulrektorenkonferenz), von 1990 bis 1995 Leiter des ›Instituts für praxisbezogene Forschung‹ der Ev. Fachhochschule Hannover. Der zu jeder Zeit an Bildungsfragen Interessierte ist von 1985 bis 1991 Mitglied der EKD-Kammer für Bildung und Erziehung.

▹ Seit dem 27.4.1989 ist Wilhelm Fahlbusch Träger des Bundesverdienstkreuzes 1. Klasse für besondere Verdienste im Arbeitsleben, überreicht in Bonn vom damaligen Bundesminister für Arbeit und Soziales, Dr. Norbert Blüm (CDU). In diesem Rahmen wird auch seine ehrenamtliche Tätigkeit im Bundesvorstand der Ev. Erwachsenenbildung, im Trägerverein der Ev. Sozialakademie Friedewald, im Wiss. Beirat für das Sozialwissenschaftliche Institut der EKD (damals in Bochum), als Mitherausgeber der ›Stimme der Arbeit‹ und im Redaktionskollegium der renommierten Zeitschrift zur Gesellschafts- und Kulturpolitik ›DIE MITARBEIT‹ gewürdigt.

▹ Am 1.4.1995 tritt Wilhelm Faschbusch in den Ruhestand, ist jedoch in vielen Bereichen von Gesellschaft und Kirche inspirierend und impulsgebend tätig, wie z. B. in der Förderung von Arbeitsloseninitiativen und für die Ev. Sozialakademie Friedewald[14] sowie als stark in Anspruch genommener Referent.

---

[14] Obwohl Fahlbuschs Engagement für die Ev. Sozialakademie Friedewald (Westerwald) in ihrer Bedeutung für die Ev. Kirche in Deutschland hoch veranschlagt werden muss, kann es hier aus Platzgründen nur angedeutet werden: Als Nachfolger des Bad Boller Akademiedirektors Eberhard Müller wird Wilhelm Fahlbusch 1969 in die Mitgliederversammlung und das Kuratorium des Trägervereins der Ev. Sozialakademie („Haus Friedewald e. V.") berufen, er nimmt diese Aufgabe ab 1970 wahr. Im Jahr 1984 übernimmt er von Pfarrer Karl-Heinz Becker (Gladbeck) das Amt des stellvertretenden Vorsitzenden, das er beibehält bis zum Ende des Jahres 2007, sodass er eng mit den Bischöfen Hermann Kunst und Horst Hirschler als nacheinander 1. Vorsitzende zusammenarbeitet. Außerdem hat Wilhelm Fahlbusch bei herausgehobenen Tagungen des Trägervereins und der Sozialakademie durch Grundsatz- und Festvorträge mitgewirkt. Für den Kirchlichen Dienst in der Arbeitswelt wichtig wird seine Tätigkeit als Vorsitzender

Ich bin zur Kirche von sehr weit her gekommen, sagt Wilhelm Fahlbusch in seinem Festvortrag zum 50. Jubiläum des Amtes für Gemeindedienst Hannover.[15] Die Tradition, aus der er kommt, ist, wie deutlich wurde, primär die der Arbeiterbewegung, verbunden mit einem volkskirchlichen Interesse, namentlich an den kirchlichen Ritualen in personalen und familialen Umbruchssituationen, ansonsten aber in einer Kirchenkritik, die in aller Gleichgültigkeit gegenüber der Kirche immerhin einen Funken bewahrt hat: Ist denn die Kirche dem von ihr gepredigten Evangelium überhaupt noch nahe, wenn sie die Arbeiterschaft gleichsam links liegen und sich auch sonst die von Wirtschaft, Technik und (Industrie-)Arbeit bestimmte Lebenswelt wenig angehen lässt?! Bedenke ich zugleich den notwendigen, unbedingt begrüßenswerten, allerdings besonders bei jungen Erwachsenen eine Leerstelle hinterlassenden Zusammenbruch der Nazi-Ideologie, scheint mir im Blick auf den jungen Wilhelm Fahlbusch persönlich viel stärker die Frage zu sein, auf welche Tradition er sich einlässt, welche Tradition er für sich annimmt, als aus welcher Tradition er kommt. Dazu gebe ich im Folgenden einen Hinweis, der auf den ersten Blick wenig mit dieser Fragestellung zu tun hat.

Wilhelm Fahlbusch erzählt mit großer Achtung von einem anthropologischen Seminar bei Helmuth Plessner (1892-1985).[16] Dieser begreift den

---

der Prüfungskommission für Ev. Sozialsekretärinnen und Sozialsekretäre, von 1969 bis 2004 berufen von der Ev. Kirche in Deutschland.

[15] So Wilhelm FAHLBUSCH: ZEIT-EIN-SICHTEN, 50 Jahre Amt für Gemeindedienst – Festrede am 9.11.1991 (als Ms. gedruckt im Nachlass), S. 9. Dank der sorgfältigen Recherchen von Dirk Riesener gilt inzwischen ein anderes Gründungsdatum für das – inzwischen in Haus kirchlicher Dienste – umbenannte Amt für Gemeindedienst der Ev.-luth. Landeskirche Hannovers: 25.9.1937.

[16] Siehe KüM, S. 132. – Als Helmuth Plessners Hauptwerk gilt die frühe Schrift „Die Stufen des Organischen und der Mensch" (1928). Siehe außerdem Helmuth PLESSNER: Grenzen der Gemeinschaft. Eine Kritik des sozialen Radikalismus, Stuttgart 1924; DERS.: Die verspätete Nation. Über die politische Verführbarkeit bürgerlichen Geistes, Stuttgart 1959.

Menschen in seiner „exzentrischen Positionalität“ vorrangig von seiner Gestaltungs- und Freiheitsfähigkeit her als diejenige Natur, deren 2. Natur die Kultur ist, d. h. die sich in einer kulturellen Formenvielfalt kreativ und produktiv entfaltet (z. B. in Sprache, Technik, Kunst, Politik, Wirtschaft). Infolgedessen ist Arbeit ein wesentliches Element kultureller Gestaltung und Entfaltung, ja Selbstentdeckung in der Selbstentäußerung. Damit stellt Plessner alles, woraus und wozu sich Gesellschaft gestaltet, in ein im Grundsatz in die Zukunft weisendes Licht. Der Mensch ist ein zwar begrenztes, ergänzungsbedürftiges, gleichwohl auf Gelingen und Erfüllung angelegtes Wesen, die Gesellschaft ist ein offener Entfaltungsraum für Personalität und kulturelle Pluralität. In dieser Perspektive ist auch die sozial- und ökonomiekritische Arbeiterbewegung wirksam an der Gesellschaftsgestaltung beteiligt bzw. den ihr zukommenden Rechten gemäß zu beteiligen. Geboten ist dabei statt der Revolution die permanente Reform, zumal wenn es um den Abbau sozialer Not geht, in der die Menschenwürde beängstigend schnell unter die Räder kommen kann.

Fahlbuschs »Gläubiger Realismus«,[17] sein zugleich an der ungeschminkten Wirklichkeit wie an den in ihr enthaltenen Potentialen, also möglichkeits-, ja in religiöser Sprache verheißungs-orientierter Blick auf Welt und Leben zusammen mit seinem Interesse am Dialog mit zunächst fremden Sichtweisen wird bereits in seiner ersten Veröffentlichung erkennbar. Im Jahr 1958 erscheint in der »Monatsschrift für Pastoraltheologie« seine erste Veröffentlichung: »Der entfremdete Mensch. Eine Studie zu Bert Brecht: Der gute

[17] Zum Begriff vgl. Paul TILLICH: Gläubiger Realismus I (1927), Gläubiger Realismus II (1928), in: Manfred BAUMOTTE (Hrsg.): Tillich-Auswahl Bd. 1 (Das Neue Sein), Gütersloh 1980, S. 288-317. Siehe dazu u. a. Hans Joachim SCHLIEP: Gläubiger Realismus, in: Luth. Monatshefte 10/1986, S. 414–418.

Mensch von Sezuan«.[18] Aus der in Shen Te/Shui Ta geschilderten Entfremdung folgert Fahlbusch für die Sozialethik: Einzig die »Reich-Gottes-Botschaft« könne das Verhängnis überwinden, weil sie die „Wirklichkeit im Licht der Verheissung" (Ernst Lange)[19] in ihren inhumanen Disruptionen wie in ihren humanen Potenzen sehen lasse. In dieser Glaubensperspektive stellt sich der junge Wilhelm Fahlbusch hinter den *Satz Brechts, dass noch alles gut werden kann, ,wenn nur der eine gefunden würde, der diese Welt aushält'.* Dazu müssten allerdings Theologie bzw. Sozialethik noch einmal neu *nachdenken über Kreuz und Auferstehung; und zwar nicht nur unter dem Aspekt des einzelnen Menschen, sondern der Menschheit, nicht nur in Bezug auf ,Existenz' oder ,Geschichtlichkeit', sondern auch und vornehmlich auf ,Gesellschaft' und ,Geschichte'.* (MPTh, S. 47)

[3] Kirche und Konflikt

Wilhelm Fahlbusch war »Pastor« mit Leib und Seele! Ein Pastor, der mit den ihm begegnenden Menschen der verschiedensten Berufsgruppen von der Erzieherin über die Gewerkschaftlerin bis zum leitenden Manager im Kontakt und Dialog stand. Dem zuhörenden Seelsorger wurde sehr Persönliches anvertraut. Dem kraftvoll und klar redenden Pastor und Theologie-Professor, der ohne Vereinfachung und Verzicht auf Fachausdrücke kom-

---

[18] Aus Platzgründen lasse ich es bei wenigen, Fahlbuschs gehaltvolle Interpretation nur ungenügend wiedergebenden kurzen Hinweisen bewenden. Siehe Wilhelm FAHLBUSCH: Der entfremdete Mensch. Eine Studie zu Bert Brecht: Der gute Mensch von Sezuan, MPTh 48. Jg./1959, S. 39-49 (zitiert als MPTh mit Seitenangabe). In Fahlbuschs Nachlass fand ich undatierte hektographierte Manuskripte zu weiteren Brecht-Werken: Die heilige Johanna der Schlachthöfe, Leben des Galilei, Gedichte und Lieder.

[19] Vgl. – auch zu Fragen von Gemeindebildung im 21. Jh. – das zu wenig beachtete Buch von Kurt LIEDTKE: Wirklichkeit im Licht der Verheißung. Der Beitrag Ernst Langes zu einer Theorie kirchlichen Handelns, Würzburg 1987; Hans Joachim SCHLIEP: Kirche in der Erlebnisgesellschaft, MPTh 6/1996 (85. Jg.), S. 211-224; DERS./Andreas BADENHOP: 10 Jahre Evangelisches Kirchenzentrum Kronsberg (2000 bis 2010), Hannover 2010.

plexe Zusammenhänge verständlich darlegen konnte, wurde gespannt zugehört.

Im Sinne der Theorie-Praxis-Vermittlung sah Fahlbusch seine Hauptaufgabe darin, noch die komplexesten kultur- und geistesgeschichtlichen Zusammenhänge im Blick auf die Hörenden und Lesenden lebensnah und dialogisch darzulegen. So auch war er über viele Jahre hinweg, von 1977 bis 1991, Herausgeber der bescheiden auftretenden, in ihrer Verbreitung und wohl auch ihrer Wirkung weitgehend unterschätzten Zweimonatsschrift der EKD-Männerarbeit »botschaft und dienst [bud] - Zeitschrift für Erwachsenenbildung«, für die in Wissenschaft und Gesellschaft durchaus anerkannte Autoren anspruchsvolle Themen für die konkrete Männer-, ja Gemeindearbeit aufbereiteten.[20] In 15 Jahren hat Wilhelm Fahlbusch selbst in etwa 30 Miniaturen komplexe Zusammenhänge verständlich dargestellt. In einigen dieser kleinen Texte befasst Wilhelm Fahlbusch sich intensiv mit einer der Fragen, die in der Schrift »Christus in der Arbeitswelt« nur thesenhaft angedeutet werden konnten: Welche Aufgabe hat die Kirche in der demokratischen Öffentlichkeit?[21] Hat die Kirche überhaupt einen politischen Auftrag? Diese Fragen führen immer wieder zu innerkirchlichen und gesellschaftlichen Konflikten. Vor allem bekannt sind die vielen Debatten

---

[20] Siehe Horst EXNER: Wer schreibt, der bleibt, in: Christiane BURBACH/Ernst Christoph MERKEL (Hrsg): Aufbruch zum Diesseits. Festschrift für Wilhelm Fahlbusch, Hannover 1995, S. 19-35. Aus dem dort auf den Seiten 34 und 35 abgedruckten, unvollständigen Verzeichnis der Beitragsthemen zitiere ich diese kleine Auswahl (seit 1971): Christ und Eigentum; Theologische Aspekte der Emanzipation; Wirkungen des Protestantismus; Der Beruf als Ort des Christen in der Welt; Arbeit – Dienst oder Religion?; Die Notwendigkeit einer Fundamentalbildung im Zeitalter der Hochrationalisierung; Wider den Imperialismus des menschlichen Denkens und Handelns: Friedrich Schleiermacher; Die schwarze Christa; Mut zur Pluralität in der Kirche; Brauchen wir eine neue Allgemeinbildung?; Glaube und Fortschritt – Lernen durch Leiden?; Das Dilemma der Tarifparteien. Ein weites Spektrum und ein frühzeitiges Wahrnehmen kommender Probleme!

[21] Vgl. Christian ALBRECHT/Reiner ANSELM (Hrsg.): Aus Verantwortung: Der Protestantismus in den Arenen des Politischen – Religion in der Bundesrepublik Deutschland, Tübingen 2019.

zur Rolle des Protestantismus im wilhelminischen, später nationalsozialistischen Deutschland: Konflikte um das rechte Maß von Staatstreue und Staatskritik in der Spannung von Römer 13 und Apokalypse 13, um den Einsatz von Gewaltmitteln zur Befriedung von Staaten und zum Rechtserhalt oder -wiedergewinn, um das Maß der Marktregulierung und die Migrationspolitik. Konflikte, die sich in globalisierten Zusammenhängen verschärfen, ja die von Anfang an zum Christentum selbst gehören und die keine Kirche, wie auch immer sie verfasst ist, unausgefochten lassen kann. In einem Gemeindevortrag aus den 1960er Jahren sagt Wilhelm Fahlbusch sinngemäß: Frieden stiften könne nur, wer auch Konflikte aushalten und austragen könne.

Nicht ob, sondern wie derartige Konflikte ausgetragen werden, daran ist die Offenheit für den christlichen Geist zu erkennen. Dann werden Kompromisse, sofern sie das Potential zu mehr gleichberechtigter Teilhabe hin besitzen, zu Lichtpunkten protestantischer Lebensgestaltung. Das Christliche wird umso sichtbarer, wenn die Konfliktparteien im Eingeständnis ihrer Irrtumsanfälligkeit und Fehlsamkeit Gottesdienst feiern und sich im Abendmahl die Vergebung um Christi willen zusprechen lassen. Auf der Suche nach Antworten auf diese Fragen rekurriert Wilhelm Fahlbusch, dessen gesamte Theologie sich als Dauerdialog mit dem Wittenberger Reformator verstehen lässt, auf Martin Luthers »Lehre von den zwei Regierweisen Gottes«: *Die revolutionären Aussagen Luthers und ihre Auswirkungen* (bud 6/1983, S. 17-40).[22]

---

[22] Vgl. in der Sache mit Fahlbusch übereinstimmend Günter BRAKELMANN: Revolutionäre Elemente der Theologie Luthers und ihre Konsequenzen, in: Klaus HEIENBROK (Hrsg.): Profil und Dialog. FS Prof. Wilhelm Fahlbusch zum 60. Geburtstag, Friedewald 1989, S. 37-57 (siehe oben Anm. 12). Die Ausdrucksweisen Fahlbuschs und Brakelmanns sind unterschiedlich, aber in der Sache weitgehend übereinstimmend, hier in Brakelmanns Worten: Luthers „politisches und gesellschaftliches Engagement sind das lebendigste Beispiel dafür, dass die von ihm immer wieder anlässlich verschiedener Frontstellun-

Die »Botschaft von der Rechtfertigung allein aus Gnaden« befreit den Menschen, auf eine Kurzformel gebracht, gleichsam von seinem Werk für sein Werk. Die Konsequenz eines solchen Verständnisses von Glauben und Leben reformatorischer Prägung ist *eine enorme Aufwertung des Weltlichen und Politischen unter dem Aspekt des Glaubens* (bud, S. 28). Dabei bewährt sich die Freiheit *gerade in der konkreten Hinwendung zur Welt, zum Nächsten, zum politischen Dienst* (bud, S. 29), sie richtet also alle Kräfte auf einen lebensdienlichen Umgang mit den Lebensgaben. Das geschieht im ganz und gar weltlichen »Beruf«, der als Berufung verstanden seine eigene geistliche Qualität hat, die ihm durch das Priesteramt nicht streitig gemacht werden darf. Der »Beruf« ist Gottesdienst im Alltag des Lebens (Römer 12,1+2). Von daher entwickelt Luther seine »Lehre von den zwei Regierweisen Gottes«, die das Geistliche und Gesellschaftliche (Ökonomie, Politik, Staatsgewalt) unterscheidet, ohne es zu scheiden: Beide sind Orte der Gottesgegenwart, beide sind in je unterschiedlicher Funktion Gottesdienst, *in beiden ... regiert die Liebe Gottes, nur unter je anderen Bedingungen*! Auf je andere Weise, mit je anderen Mitteln.

Eben das ist für Fahlbusch *der revolutionäre Punkt in Luthers Theologie*: *Wenn das weltliche Regiment . . . eine andere Regierungs- und Handlungsweise Gottes ist, die aber aus demselben einen Regiment Gottes kommt, aus dem auch das geistliche Regiment seinen Ursprung hat; wenn beide je auf verschiedene Weise und unter anderen Bedingungen das gleiche Ziel haben,*

---

gen vorgenommenen Fundamentalunterscheidungen vom ‚Reich zur Rechten' und ‚Reich zur Linken', von Evangelium und Gesetz gerade nicht zur Enthaltsamkeit oder gar zur Flucht vor der Verantwortlichkeit für die Ordnung dieser Welt führen, sondern überhaupt erst die Welt als Handlungsraum für gewissens- und sachgebundenes Entscheiden eröffnen. . . . Das eine Reich kann . . . nicht ohne das andere Reich sein. Das Reich Christi als Reich der Gnade und Barmherzigkeit interpretiert das Reich der Welt als Ort des Gesetzes, das diese Welt auf das Eschaton hin erhält. Der glaubende Christ steht in der Spannung dieser beiden regna." (a. a. O., S. 49+51)

nämlich die gottvergessenen Menschen und die gottvergessene Welt vor dem Chaos zu bewahren; wenn der Glaube dies erkennen hilft, dann wird die weltliche Tätigkeit . . . mit der Tätigkeit der Geistlichen faktisch auf eine Stufe gestellt. Dann ist der Beruf des Geistlichen auch nichts anderes als ein weltlicher Beruf, dessen Ziel und Zweck es ist, in dieser gottvergessenen Welt Gottes Regiment als ein Regiment der Liebe zu verkündigen. . . . Auf der anderen Seite hat jeder weltliche Beruf auch eine geistliche Seite, die gerade der Glaubende erkennt: Er hat seinen Ursprung in der Liebe Gottes, die durch ihn dem Chaos wehrt und den Nächsten schützt. (bud, S. 30+31)

Derart hat Luther den weltlichen Beruf *aus der Diffamierung . . . durch das gesellschaftliche Monopol der geistlichen Berufe* (bud, S. 31) befreit. Derart hat Luther gerade vermieden, eine von christlichen Grundwerten getrennte Eigengesetzlichkeit der Lebensgebiete wie Wirtschaft, Wissenschaft, Technik, Verwaltung, Staat als Ordnungs- und Schutzmacht (Polizei, Militär) zu postulieren. Derart hat Luther in nuce eine recht moderne Institutionenlehre entwickelt.[23] Demzufolge ergibt sich Luthers lange Zeit wirksame »Lehre vom Beruf« aus der Botschaft von der »Rechtfertigung allein aus Gnaden« und aus seiner Auffassung vom »Priestertum aller Getauften«. Auf diesem Hintergrund achtet Wilhelm Fahlbusch die Industriegesellschaft in

[23] W. Fahlbusch hat sich stets gegen eine in Teilen der Kirche stark verbreitete Verächtlichmachung der staatlichen Institutionen wie besonders auch der Kirche als Institution (»Volkskirche«) gewandt, so wenig er selbst sich mit Kirchen- und Theologiekritik zurückgehalten hat. Aber er wusste Kritik mit Respekt vor Institutionen und vor allem vor den in ihr wirkenden Personen miteinander zu verbinden. Bereits vom 10.-13.11.1969 hat Fahlbusch in der Ev. Akademie Loccum die Tagung „Vom Kampfverband zum Dienstleistungsbetrieb – Zukunftsaspekte der deutschen Gewerkschaften“ durchgeführt. In dem ihm selbst übertragenen Referat bricht er eine Lanze für den „Funktionär“ – siehe Loccumer Protokolle 12/1969, S. 55-65. Schon Anfang der 1960er Jahre beschreibt Wilhelm FAHLBUSCH: Die Gestalt des Funktionärs (vergilbtes, maschinenschriftliches ungenau datiertes Ms. eines Vortrags) den »Funktionär« statt als charakterlich deformiertes Wesen als Vermittler und Verantwortungsträger, der in einer $sich zunehmend weiter ausdifferenzierenden Industriegesellschaft unter hohem äußeren Druck seitens unterschiedlichster Interessen und Positionen für den Erhalt und den Ausbau sowohl von persönlicher Freiheit als auch von Gemeinsinn unverzichtbar ist.

einer kritischen Solidarität. Denn wo die natürlichen Lebensbedingungen zerstört, wo der Beruf bzw. die Arbeit bzw. die Leistung ihres Dienstcharakters entledigt und zur Fabrikation von Lebenssinn hochstilisiert wird und wo Menschen, die arbeiten können und wollen, aus der Teilhabe am Arbeitsleben ausgeschlossen und in Arbeitslosigkeit entlassen, ja getrieben werden, müssen die dahinterstehenden Interessen und Ideologien aufgedeckt werden, damit der *Weg zurück zu den Quellen* (bud, S. 38) neu erschlossen werden kann.

Ebenso misst Wilhelm Fahlbusch die real existierende Kirche am Grund-Satz vom »Priestertum aller Getauften« mit dem Ergebnis: Die (deutschen) Kirchen der Reformation haben ihre Reformation noch vor sich! *Die evangelische, die Kirche der Reformation steht . . . noch aus, solange das Zentralstück der lutherischen Kirchenlehre, die sich geistlich selbst bestimmende lebendige Gemeinde nicht verwirklicht ist. . . . An die Stelle des geistlichen Monopols des Priesters ist das Amtsmonopol der ‚geistlichen Amtsträger' oder einfach der ‚Geistlichen', sprich der Pfarrer getreten. . . . Erst die Prozesse der Fundamentaldemokratisierung haben heute diese Lehre Luthers wieder aktualisiert: Die Entwicklung der Gesellschaft, der Welt . . . spielt eben auch für die theologische Erkenntnis und die Kirche eine entscheidende Rolle; an dieser Stelle hat der Reformator . . . weiter geblickt als mancher Lutheraner heute, der das Sich-Einlassen der Kirche und der Theologie auf die Tagesordnung der Welt (!) nur als Abfall vom Evangelium, als Politisierung und Verweltlichung verstehen kann. . . . Selbständige, freie, reformatorische, protestantische Gemeinde kann nur durch einen biblisch-theologischen Bildungsprozess im Zusammenhang mit der Tagesordnung der Welt und dem beruflichen Alltag geschehen. Dieser Bildungsprozess kommt andererseits aber nur in dem Maß zustande, wie die ‚Laien' in der protestantischen Kirche endlich ihre geistliche Berufung erkennen und wahrnehmen.* (bud, S. 39+40)

Damit erhält aber, namentlich unter der Zentralstellung der Wort-Gottes-Theologie in ihren vielen Facetten nach 1945, die Frage nach der Beziehung von kirchlichem Dienst in der Arbeitswelt und kirchlichem Verkündungsauftrag besonderes Gewicht. Zu diesem Fragenkreis hat Wilhelm Fahlbusch sich mehrfach dezidiert geäußert. Zum Verhältnis von Kirche und Arbeiterschaft finden sich in Wilhelm Fahlbuschs Schrift »Evangelische Kirche und Arbeiterschaft« zentrale Einsichten und Aussagen:[24] Zunächst widerlegt er die verbreitete, aber unzutreffende Behauptung, der Protestantismus habe sich mit dem Verhältnis des Protestantismus zur Arbeiterschaft in keiner Weise beschäftigt und deshalb auch keinen Zugang zur »Sozialen Frage im 19. Jahrhundert« gefunden:[25] *Der Protestantismus hat nicht einfach geschlafen. Er hat mit seinen besten Köpfen an der Diskussion*

---

[24] Siehe Wilhelm FAHLBUSCH: Evangelische Kirche und Arbeiterschaft, Vorlagen H. 16, Hannover 1984 (zit. als EvKA mit Seitenzahl). Es handelt sich vermutlich um Wilhelm Fahlbuschs Vortrag auf dem Forum »Arbeit« des DEKT in Hannover im Juni 1983. Dass er sich in einer Tradition protestantischen sozialen Denkens und diakonischen Wirkens sah, dafür steht beispielhaft Wilhelm FAHLBUSCH: Die kirchliche Sozialarbeit im Sozialstaat. Gedanken zum 100. Todestag von Johann Hinrich Wichern, in: DIE MITARBEIT 2/1981 (30. Jg.), S. 219-226. Seine Hauptthese ist: Kirchliche Sozialarbeit muss über karitative Hilfeleistung hinaus die gesellschaftlichen und politischen Ursachen sozialen Leides analysieren und diese beseitigen helfen! Denn *Seelsorge, soziale Arbeit und gesellschaftspolitische Verantwortung gehören zusammen.* (a. a. O., S. 226)

[25] Fahlbusch denkt an Johann Hinrich Wichern, Victor Aimée Huber, Adolph Wagner, Rudolf Todt, Gerhard Uhlhorn, Theodor Lohmann, Friedrich Naumann, Paul Göhre, Karl Barth, Paul Tillich, Christoph Blumhardt d. J. sowie den in der Ev.-luth. Landeskirche Hannovers ersten Landessozialpfarrer Johann Gottlieb Cordes (1928). Ins Feld führen kann er ebenso den im Jahr 1890 gegründeten Evangelisch-Sozialen Kongress (ESK), in dem die damals angesehensten Nationalökonomen, Juristen und Staatsrechtler, Gesellschafts- und Verwaltungswissenschaftler sowie manche Theologen Themen wie Mit-, mehr noch Selbstbestimmung, Beteiligung am Produktivkapital, Gewerkschaftsfreiheit, Gewerbeaufsicht, Verbot der Kinderarbeit, Humanisierung der Arbeitswelt (besonders für Frauen), verbessertes Wohnungsbau- und Gesundheitswesen nicht nur diskutierten, sondern auch forderten, gelegentlich vehement und politisch hochbrisant. Vgl. Hans Joachim SCHLIEP: Die soziale Verantwortung der Kirche – Eine Erinnerung an Abt Gerhard Uhlhorn, JGNKG 90, 1992, S. 185-200; DERS.: Der Evangelisch-Soziale Kongress in Hannover 1905, JGNKG 111, 2013, S. 191–219; DERS.: Theodor Lohmann – ein lutherischer Sozialreformer, JGNKG 114, 2016, S. 173-226.

um den Industrialismus nicht nur teilgenommen. Er hat durch sie auch auf vielfältige Weise auf die damalige Politik eingewirkt. (EvKA, S. 8)

Doch obwohl ein Kirchenmann wie Abt Gerhard Uhlhorn schon in den 1870er Jahren der Behauptung durchgängiger Kirchen- und Glaubensfeindschaft seitens der Arbeiterschaft entgegengetreten ist und diese gegenseitige Abständigkeit keineswegs durchgehend charakteristisch war für das Leben in den Kirchengemeinden, in denen nicht nur Handwerker, sondern auch Industriemalocher den Glaubenstraditionen treu bleiben wollten, konnte sich die evangelische Kirche aufs Ganze gesehen nicht aus der »babylonischen Gefangenschaft« des Bürgertums und der den freien Lauf der biblischen Botschaft im Grunde konterkarierenden Verbindung von »Thron und Altar« lösen. Mit gutem Grund resümiert Fahlbusch: *Die Entfremdung der Arbeiterschaft von der Kirche hat ihre Gründe in der tiefen Enttäuschung des Proletariats darüber, dass die Kirche nicht mit ins gesellschaftliche Elend geht, und in der Erkenntnis, dass sie darum die Kompetenz verliert, sich überhaupt zum Schicksal der Arbeiter äußern zu können.* (EvKA, S. 9) Also: verweigerte Solidarität und – unbeschadet Innerer Mission (Diakonie) – sozialer Indifferentismus aus folgendem Grund: *Es war allein die tiefe babylonische Gefangenschaft der evangelischen Kirche in der feudalistisch-bürgerlichen Gesellschaft und ihre Weigerung, dem Proletariat im Kampf um die gesellschaftlich-politische Emanzipation beizustehen, die diese schicksalhafte Entfremdung in Gang setzte.* (EvKA, S. 11)

Für umso wichtiger, ja *eine historische Tat* hält Wilhelm Fahlbusch - neben z. B. der Gründung des »Seminars für kirchlichen Dienst in der Industriegesellschaft« in Mainz durch Pfarrer Horst Symanowski und der Ev. Sozialakademie Friedewald mit Hilfe von Bischof Hermann Kunst - die auf den Beratungen und Beschlüssen der EKD-Synode in Espelkamp (1955) aufbauende *Erklärung des Rates der EKD von 1957, in der dieser allen Bestre-*

bungen, die großen Industriegewerkschaften, den DGB und die DAG als Einheitsgewerkschaften durch Bildung christlicher Gewerkschaften zu unterhöhlen, eine eindeutige Absage erteilt. Diese Erklärung, so Fahlbusch, *ist das eigentliche Dokument einer Aussöhnung zwischen Evangelischer Kirche und Gewerkschaften. Wer an diesen Aussagen rütteln wollte, würde alles wieder aufs Spiel setzen, was nach 1945 im Verhältnis Kirche - Arbeiterschaft neu entwickelt worden ist.* (EvKA, S. 18)[26] Nach einem Rückblick auf das Wirken des KDA in der Ev.-luth. Landeskirche Hannovers,[27] fasst Wilhelm Fahlbusch die zentrale Aufgabe zusammen: *Wenn die Kirche nichts mehr in der Arbeitswelt... zu sagen hat, dann hat sie zu den zentralen Fragen moderner Existenz in der Industriegesellschaft . . . höchstens am Rande beizutragen. Vielleicht noch im Feiertagsbereich, vielleicht noch in den Grenzsituationen. Aber nicht mehr im Alltag.* (EvKA, S. 20) Und dann verfehlt die Kirche das „Eigentliche", statt es zu bewahren und weiterzugeben.[28]

Auf diesem Hintergrund gewinnt ein an zwei Orten veröffentlichter Beitrag Wilhelm Fahlbuschs eine hervorgehobene Bedeutung: ›*Der kirchliche Dienst in der Arbeitswelt und der Verkündigungsauftrag der Kirche*‹.[29] Be-

---

[26] In EvKA, S. 18+19, berichtet W. Fahlbusch von der Rede des hannoverschen Landesbischofs D. Hanns Lilje auf dem DGB-Bundeskongreß in Hannover 1962: *Auf dem Lutherrock des großen Ökumenikers Hanns Lilje steckt das Gästeabzeichen . . . mit den Buchstaben DGB.* Dies führte zur jährlich wiederholten Einladung und Teilnahme mit kirchlichem Grußwort des Vorsitzenden des EKD-Rates (oder seines Stellvertreters).

[27] Zu dem Anm. 4 genannten Buch zur Geschichte des KDA in der Ev.-luth. Landeskirche Hannovers siehe außerdem Dirk RIESENER: Volksmission zwischen Volkskirche und Republik. 75 Jahre Haus kirchlicher Dienste (Amt für Gemeindedienst), Hannover 2012, S. 370-379 (Die »Theologie der Arbeit« in der Praxis); Beate BLATZ: Erbstücke aus der hannoverschen Kirchengeschichte – 50 Jahre Amt für Gemeindedienst, Hermannsburg 1991, S. 23-32, 135-145, 231-237, 252-267. Dazu authentisch Wilhelm FAHLBUSCH: Der Kirchliche Dienst in der Arbeitswelt nach 1945, in: Martin CORDES/Rolf HÜPER/Elke Helma ROTHÄMEL (Hrsg.): Perspektiven zur Sozialen Frage, Hannover 1991, S. 35-64.

[28] Siehe Dieter ASCHENBRENNER/Wilhelm FAHLBUSCH: Geht das ‚Eigentliche' verloren? Der Einfluss der Humanwissenschaften in der Kirche, Vorlagen H. 24/25, Hannover 1985.

[29] Siehe Wilhelm FAHLBUSCH: Der kirchliche Dienst in der Arbeitswelt und der Verkündigungsauftrag der Kirche, in: DIE MITARBEIT 1+2/1977, S. 110-122 (danach wird zitiert:

reits mit seiner Eingangsthese zielt Fahlbusch auf den Problemkern der damaligen innerkirchlichen und gesellschaftlichen Debatte zu Auftrag und Rolle in der bundesdeutschen Demokratie, indem er seine Auffassung prägnant und für politisch konservative Ohren provokant präsentiert: *Der Dienst der Kirche in der Arbeitswelt ist ein wesentliches Element der Verkündigung selbst. Sie lernt in Solidarität mit den Menschen dort am eigenen Leibe, was das Evangelium für die Welt unter den konkreten Bedingungen der Arbeitswelt heute bedeutet.* Demnach ist der KDA kein kirchlicher Spezialdienst für eine bestimmte Zielgruppe, sondern hat mitten im Zentrum des der Kirche nach biblischem Zeugnis aufgegebenen Verkündigungsauftrags seinen geistlichen Ort und Platz: *Er ist für die Kirche lebensnotwendig.* Wenn nämlich die kirchliche Verkündigung die Arbeitswelt nicht mehr erreicht, hat sie eine wichtige Gesellschaftsschicht verloren und damit, das ist besonders wichtig, eine Erfahrung konstituierende und konturierende Dimension von Welt und Leben: die Arbeiterschaft, die durch ihre Arbeit für das Wohlergehen der Gesellschaft sorgt. Der Lebensbereich Arbeit ist nun *einmal in das Zentrum der gesamten modernen Welt gerückt. ... Die Arbeitswelt ist eine wesentliche Quelle unseres Welt- und Daseinsverständnisses, unserer Welterfahrung und unserer Weltvorstellung geworden.* Und zwar in einer existenzerhaltenden, -begründenden und -qualifizierenden Art und Weise, dass Arbeit zum *Inbegriff* menschlichen *Daseins, zur lebensbestimmenden Norm* geworden ist. *Sie definiert geradezu durch ihre normative Kraft den Menschen und seine Welt. Der Wert des Menschseins geht nahezu im Wert seiner Arbeitskraft auf. Was*

KDAVAK mit Seitenzahl; im Original *kursive* Schrift hier gesperrt); gleichlautend in: Paul COLLMER/Hermann KALINNA/Lothar WIEDEMANN (Hrsg.): Kirche im Spannungsfeld der Politik, FS für Bischof D. Hermann Kunst D. D. zum 70. Geburtstag, Göttingen 1977, S. 149-155.

und wer der moderne Mensch ist, ist er wesentlich mit durch die Arbeit. (KDAVAK, S. 117-122)

Oberflächlich betrachtet ist die Arbeitswelt zwar eine *radikal säkularisierte Welt, in der Gott keinen Platz mehr hat.* Doch umso mehr den Menschen in der Tiefe seiner Existenz angehend, geschieht in ihr etwas Elementares, Fundamentales, indem hier der Mensch sein *Welt- und Selbstbewusstsein* gewinnt bzw. es selbst glaubt herstellen zu können und indem er erfährt, *welche Perspektive sein Dasein hat, welche Normen und Werte in der Welt und für die Erfüllung des Menschseins gelten.* Indem es in dieser grundlegenden Hinsicht um Produktivität und Rationalisierung geht, werden nicht nur Güter und Waren produziert, sondern *nichts weniger als eine ganze Menschenwelt. Das heißt: Weltanschauung, Wert- und Normenhierarchien, gesellschaftliche Schichtungen und Umschichtungen, Lebensstandards, Vorbilder und Lebensziele, Wohnkulturen und Städtestrukturen, . . . Klassen in der Gesellschaft und Klassen in der Welt, wenn wir an das wirtschaftliche Nord-Süd-Gefälle unseres Globus denken.* »Welt« also im wörtlichen Sinn! Dieses bedeutet im Fall der damals wachsenden Gefahr, arbeits- und einkommenslos zu werden oder einen niedriger entlohnten Arbeitsplatz annehmen zu müssen, dass *in den meisten Fällen* der *Wert eines menschlichen Daseins* selbst in Frage gestellt ist.

In Anbetracht von Sinn- und Unwertkonstruktionen derartiger religiöser Qualität entscheidet sich nach Wilhelm Fahlbuschs Auffassung, *ob das Evangelium, das die Kirche heute verkündigt, ein Evangelium für die Welt oder eben nur für die Kirche ist. Ob es eine Kraft darstellt, die Menschen und Strukturen verändert oder nur eine Welt-Deutung unter vielen anderen ist, die folgenlos bleibt. Die Frage nach dem wahren Evangelium stellt sich in diesem Zusammenhang mit der Arbeitswelt sehr präzise.* Und eben daraus ergeben sich die beiden vorrangigen *Wesensmerkmale eines kirchli-*

chen Dienstes in der Arbeitswelt: Solidarität und gesellschaftspolitische Verantwortung.

»Solidarität« ist Da- und Dabei-sein (wie die französischen Arbeiterpriester),[30] Miterleben und Mitlernen, d. h. betroffen unter Betroffenen, ratlos unter Ratlosen, schuldig unter Schuldigen und leidend unter Leidenden zu sein, gemeinsam am Ort der Arbeit *um Erkenntnis* zu *ringen, was hier Gottes Wille sei und was sie mit allen anderen zusammen zu tun habe.* Statt um die Bekehrung des Arbeiters, so Wilhelm Fahlbusch mit Verve, geht es um *eine innere Mission der Kirche selbst, um eine Bekehrung zur Welt der Arbeit, von der sie sich abgekehrt hat, und schließlich um eine Umkehr, die uns alle betrifft. Bekehrung kann nur aus der Solidarität heraus geschehen.* Und solche in der Arbeitswelt gelebte und erlebte »Solidarität« macht die Kirchengemeinde, die ebenfalls Arbeitswelt ist, keineswegs überflüssig, sondern befruchtet insgesamt die Seelsorge, den Gottesdienst, die Diakonie, nun aber im Wohn- und Freizeitbereich, der damit nicht mehr geschieden, sondern unterschieden ist von der industriellen Welt. Dazu braucht es Brückenbauer, die in beiden Welten zu Hause sind: sachkundige und erfahrene kirchliche Mitarbeiter und Mitarbeiterinnen, die den kirchlichen Dienst in der Arbeitswelt als Dienst mündiger Christinnen und Christen in ihrem Betrieb unterstützen. Die *gesellschaftspolitische Mitverantwortung* von Kirche und Diakonie ist dann die andere Seite der Medaille.

Wie der Dienst in der Arbeitswelt durch mündige Christinnen und Christen nichts Uneigentliches, dem Evangelium Fremdes ist, ist es, obwohl in Kir-

---

30 Was heute, etwa 30 Jahre nach Wilhelm Fahlbuschs Prognose ihrer raschen Wandlungen, »Arbeit«, »Solidarität«, »Kultur« bedeuten, dazu siehe u. a. Heinrich BEDFORD-STROHM/Traugott JÄHNICHEN/Hans-Richard REUTER/Sigrid REIHS/Gerhard WEGNER (Hrsg.): ARBEITSWELTEN. Jahrbuch Sozialer Protestantismus 5, Gütersloh 2011; Joachim LANGE/Gerhard WEGNER (Hrsg.): Beruf 4.0 – Eine Institution im digitalen Wandel, Baden-Baden 2019; Heinz BUDE: Solidarität – Die Zukunft einer großen Idee, München 2019.

che und Gesellschaft umstritten und konfliktreich, ebenso wenig die *gesellschaftspolitische Mitverantwortung*. Gerade sie ist kein *fremdes Amt* und keine *nicht legitime Einmischung in die Kompetenzen der politischen Gruppen*. Denn es geht um nichts weniger als um die Begrenzung der weltlichen Gesetze, deren Regeln wohl zu beachten sind, doch ohne zur letzten bestimmenden Macht über den Menschen zu werden. Inmitten der Gesetze der Welt sind nämlich elementare und fundamentale Perspektiven und Rechte der arbeitenden Menschen zu wahren oder wiederherzustellen, die sich aus *der Freiheit und Menschlichkeit des Menschen als Ebenbild Gottes* (Karl Barth) zwingend, notwendig, unhintergehbar und unteilbar ergeben. In diesem Sinn tritt Fahlbusch für eine *evangelische Humanität* ein, die als eine ihrer Konkretionen die »Humanisierung der Arbeitswelt« hat:[31] *Die Humanisierung der Arbeitswelt ist in diesem fundamentalen Sinne auch eine entscheidende Aufgabe der Verkündigung.* So geht es ihm um eine »Theologie des gesellschaftspolitischen Dienstes«,[32] die den Konflikt im Dialog zu lösen versucht und Kompromisse wagt, sofern diese starke Im-

---

[31] Am 4. Mai 1976 tritt das im Jahr 1972 novellierte Mitbestimmungsgesetz in Kraft; das BVerfG in Karlsruhe lehnt Anfang 1979 etliche Verfassungsbeschwerden von Unternehmerseite im Grundsatz ab. Bis dato geht es vor allem um die Frage der »Mitbestimmung« als Konkretion der Demokratie in der Wirtschaft. Mit gewisser zeitlicher Überlappung, verstärkt ab Mitte der 1970er Jahre, steht die »Humanisierung der Arbeitswelt« oben auf der Tagesordnung. Vgl. dazu u. a. EKD-KIRCHENAMT: Sozialethische Erwägungen zur Mitbestimmung in der Wirtschaft. Eine Studie der Kammer für Soziale Ordnung, Gütersloh 1968; Arthur RICH: Mitbestimmung in der Industrie, Zürich 1973; DERS./Eberhard ULICH (Hrsg.): Arbeit und Humanität, Königstein/Ts. 1978; Günter BRAKELMANN: Mitbestimmung am Ende? Kritische Anmerkungen nach dem Mitbestimmungsurteil des Bundesverfassungsgerichts, in: Theodor STROHM (Hrsg.): Christliche Wirtschaftsethik vor neuen Aufgaben, Zürich 1980, S. 295-311; DERS.: Humanisierung und Mitbestimmung, in: DERS.: Für eine menschlichere Gesellschaft. Reden und Gegenreden, Bochum 1996, S. 31-38.

[32] Um eine »Theologie des gesellschaftspolitischen Dienstes« ging es schon in dem Aufsatz Wilhelm FAHLBUSCH: Der Arbeiter in der Industriegesellschaft – aus der Sicht kirchlicher Industrie- und Sozialarbeit, in: Stimme der Arbeit – Monatsblatt evangelischer Arbeitnehmer (EAN) und evangelischer Industrie- und Sozialarbeit in Deutschland, Sonderheft 1/1964, S. 7-12.

pulse für weitere Diskussionen und Maßnahmen setzen. Wilhelm Fahlbusch selbst verstand es, markante Positionen mit der Fähigkeit zum Kompromiss zu verbinden. Er stand jedem ethischen Rigorismus oder gar Maximalismus fern. Denn er wusste, dass man auf zwei Weisen das Leben zur Hölle machen kann: indem man den Himmel auf die Erde holen will und indem man sich schon im Himmel wähnt, während die Erde unter den Füßen brennt! Darum hinterfragte er gründlich das für gegeben und unabänderlich Gehaltene und erinnerte an das Unabgegoltene, an dem er sich realutopisch orientierte.

Fahlbuschs Kritiker werfen ihm Auflösung der Theologie in Ethik und der Kirche in eine humanistische Bewegung vor. Ihnen hält er entgegen: *Der Humanismus unserer Tage, der auf die Humanisierung der Arbeitswelt dringt, ist ohne die starken Impulse des Evangeliums nicht denkbar. Ja, darin, dass die Humanität des Evangeliums gewissermaßen ihre christliche Originalität verlieren und in eine allgemeine säkulare Humanität eingehen konnte, zeigt sich ja nur ihre überzeugende Kraft, ihre Vernünftigkeit, ihre Faszination, die alle drei nötig sind, um zu einer weltgestaltenden Kraft zu werden.* Aus Wilhelm Fahlbuschs Sicht ist es Zeit, die tiefe Kongruenz zwischen christlichem Glauben und Humanität zu erkennen! Auch das sei ein Weg, die *schwere geschichtliche Hypothek* abzutragen, *dass zumindest die offizielle Kirche die Menschen in der Arbeitswelt viel zu lange sich selbst überlassen hat, so dass diese mit ihrem Schicksal . . . ohne die Kirche, eben humanistisch, fertig werden mussten.*

Demzufolge begegnet in der modernen Welt die christliche Kirche allemal ihrer eigenen Geschichte. Darum kommt es in der modernen Gesellschaft an auf die *Identifikation*, *Rekonstruktion* und *Transformation* ihrer christlichen Quellen und Spuren, die sich gerade in der Kritik am Christlichen zu Wort melden können. Doch wird, was z. B. vor 500 Jahren »Rechtfertigung allein aus Gnaden« bedeutete, heute in einer ganz anderen Vorstellungs- und Sprachform in Erscheinung treten: anders und doch dasselbe sein.[33] Die Unterschiede der Lebenswelten sind leitend für unser Denken und Verhalten. Wer diese lebensweltliche Differenz unbeachtet lässt, hat das sog. Eigentliche schon preisgegeben. So führt an reflektierter Hermeneutik kein Weg vorbei.

Einige Empörung erregt hat Fahlbuschs kurzer Text: *»Die schwarze Christa«*.[34] Denn *theologische Vernunft* anmahnend, legt er dar, dass vom Evangelium her im Bethlehemer Stall den Eltern Jesu statt eines Jungen auch ein Mädchen hätte geboren werden können. Und wenn Maria und Josef Afrikaner gewesen wären, hätte diese Christa eine schwarze Hautfarbe haben können. Keineswegs muß die Inkarnations- und Kenosisvorstellung (»Menschwerdung Gottes«: Johannes 1,14; »Christushymnus»: Philipper 2,6-11), derzufolge Gott sich ganz auf das Menschliche einlässt, darauf verengt ausgelegt werden, dass Gottes Liebe nur durch einen Mann, nicht auch durch eine Frau unter uns lebendige Geschichte werden kann?! Wilhelm Fahlbusch sieht in Treue zu Galater 3,26-29 in der Frauen und Männer gleichrangig berücksichtigenden Theologie eine gute Möglichkeit, die »Menschwerdung Gottes« differenzierter als bisher auszusagen: *Christus und Christi Leib ist die theologische Grundlage einer universalen Gleichberechtigung in der Rechtfertigung des Menschen durch Gottes barmherzige Gerechtigkeit.* So sehr um der Verleiblichung des Evangeliums willen das

---

[33] Aus der neueren Literatur vgl. Michael MOXTER: Rechtfertigung und Anerkennung. Zur kulturellen Bedeutung der Unterscheidung von Person und Werk, in: Hans Martin DOBER/Dagmar MENSINK (Hrsg.): Die Lehre von der Rechtfertigung des Gottlosen im kulturellen Kontext der Gegenwart. Beiträge im Horizont des christlich-jüdischen Gesprächs, Hohenheimer Protokolle 57, Stuttgart 2002, S. 20-42.

[34] Siehe Wilhelm FAHLBUSCH: Die schwarze Christa, bud 1/1985, S. 19-25. Im Folgenden paraphrasiere ich Fahlbuschs Aussagen. Die beiden wörtlichen Zitate (kursiv; Hervorhebungen bei W. F. hier in gesperrter Schrift) entnehme ich a. a. O., S. 20+25.

Mann-Sein von Jesus seinen spirituellen, sozialen und politischen Sinn hat, so wenig ist doch *das Mann-Sein . . . vollständige Voraussetzung für das Werk Christi . . . Das Christusgeschehen ist keine Legitimation für den schöpfungsmäßigen Vorrang des Mannes oder der Männerwelt. Wer dies behauptet, der muss und soll sich dann auch an der schwarzen Christa und an der Gott-Mutter ärgern.* Nun ist Gott in *Jesus Christus* wie in *Jesa Christa*, wie Fahlbusch mir einmal sagte, *dort, wo die ganz schweren Ruder gehen*!

Wilhelm Fahlbusch dachte inkarnations- und kenosis-theologisch. Auf diesem Ansatz beruht schon eine Adventsandacht, die er im Jahr 1964 verfasst hat. Den Sinn der symbolischen Rede von der »Jungfrauengeburt«, die für viele Arbeiter die weihnachtliche Botschaft so unplausibel und deshalb unglaubwürdig erscheinen lässt, versucht er so verständlich zu machen:[35] »Jungfrauengeburt« steht als Symbol dafür, *dass dieser Mensch in der Vollmacht Gottes zur Welt kommt, lebt, predigt, lehrt und stirbt. In dieser Vollmacht des Lebens Jesu liegt der Unterschied zu unserem Leben. Aber es ist kein mystischer Unterschied wie der zwischen Mensch und Halbgott. Es ist vielmehr ein Unterschied, der unser Menschsein und unseren Alltag heiligt. Es ist der Unterschied zwischen Retter und Gerettetem. Rettung ist möglich in diesem Leben, weil der Retter erschienen ist als einer von uns. . . . Jesus* hat *auf Golgatha als ein Mensch den ganzen Jammer und die ganze Verlorenheit des menschlichen Geschlechtes im Angesicht des Todes und der Gottverlassenheit durchlitten.*

Um eben dort, *wo die schweren Ruder gehen*, als christliche Kirche sein zu können, braucht sie Menschen, die sowohl mit ausreichenden eigenen Erfahrungen in der Arbeitswelt ausgestattet als auch in den wichtigsten Fragen der Gewerkschafts-, Unternehmens-, Lohn-, Sozial-, Wirtschafts- und

---

[35] So Wilhelm FAHLBUSCH: In der Krippe lag kein Halbgott, in: Stimme der Arbeit 6/1964, S. 9.

Gesellschaftspolitik bewandert sind: die Sozialsekretärinnen und -sekretäre. Keine Mini-Theologen oder Mini-Pfarrer, sondern mit industrieller Arbeit vertraute Menschen, die ihre Erfahrungen und Kenntnisse vor dem Hintergrund der biblischen Botschaft reflektieren. Sie sollen als Gesicht der Kirche in der Arbeitswelt etwas von der ansteckenden »Humanität aus Glauben, Hoffnung und Liebe« in der Arbeitswelt zum Leuchten bringen. Damit, in die Kirche hineingespiegelt, auch diese, die Kirche in und mit den Menschen, in immer wieder neuen Anfängen zu glauben lernt. Eine missionierende Kirche, die sich in der Kraft der biblischen Botschaft missionieren lässt! »Kirche für andere« als Kirche durch Menschen – Suchende, Zweifelnde, im Dennoch des Glaubens, der Hoffnung, der Liebe Vertrauende – geschieht an Orten, wo Schneidbrenner ein grelleres, Augenschutz erforderlich machendes Licht erstrahlen lassen als Altarkerzen und Adventslichter. Nicht die Kirche kommt zur Arbeitswelt, sondern die Arbeitswelt wird Ereignis-, Erfahrungs- und Lernfeld für den gemeinsam gesuchten und geteilten Glauben. Die Arbeitswelt – ein Raum neuer Gotteserkenntnis! Im Blick auf das Weiterbildungs- und Berufsprofil der Sozialsekretärinnen und -sekretäre denkt Wilhelm Fahlbusch an eine die ökonomischen, technischen, sozialen und theologischen Perspektiven aufeinander beziehende *kritische Theorie der Sozialarbeit, die das Unbequeme, das in der Öffentlichkeit noch nicht Erlaubte denken, sagen und anfassen könne . . . Sie muss also in diesem Sinne eine provokative Unruhe schaffen. . . .* Diese *provokative Unruhe muss zum kritischen Dialog führen,* der *auf Sachkunde* basiert.[36] In dieser Perspektive erläutert Wilhelm Fahlbusch das Mandat der Sozialsekretärinnen und -sekretäre: Orientiert an den Grundlinien der »Sozialen

---

[36] Siehe Wilhelm FAHLBUSCH: Aspekte der Industrie- und Sozialarbeit, in: Materialsammlung für ev. Sozialsekretäre Nr. 18 (mir vorliegend als zehnseitige Kopie eines maschinen-geschriebenen Textes aus dem Archiv der Ev. Sozialakademie Friedewald), Friedewald 1969, S. 2-10.

Marktwirtschaft« *Brückenbauer zu* sein zwischen den Menschen im Wirtschaftsleben und zwischen Arbeitswelt und Kirche, die selbst ein kleiner Sektor von Arbeitswelt ist. Die berufliche Wahrnehmung dieser Aufgabe ist – im Sinne von Luthers Berufsverständnis – ein *priesterliches Amt,* der *priesterliche Teil* dieses Mandats. (ASS, S. 25, 26-29, 35)

Bei aller situationsbezogenen Variabilität in der praktischen Berufsgestaltung gibt es aus Sicht von Wilhelm Fahlbusch für den KDA und seine Sozialsekretärinnen und -sekretäre eine zentrale Aufgabe: die »Mitbestimmung«, bei der es primär um demokratische »Partizipation« bzw. soziale »Teilhabe« geht, also das Ernstnehmen der Demokratie in der Wirtschaft.[37] Denn wie kann eine Gesellschaft demokratisch sein, wenn der sie wesentlich bestimmende Lebensbereich Wirtschaft-Arbeit außerhalb der Demokratie bleibt?! Und wie kann Kirche sich auf Taufe und Abendmahl gründen und als Leib Christi existieren, ohne »Partizipation« und soziale »Teilhabe« zu leben?! Im Rückblick auf die Entwicklung des KDA seit 1945 drückt Fahlbusch es so aus: *Das große Thema . . . war die Mitbestimmung . . .* Sie *ist . . . eine Schlüsselproblematik, in der es um die Überwindung des bloßen Lohnarbeitsverhältnisses, aber auch um die demokratische Verfassung der Wirtschaft, also um die Zuordnung und Wertigkeit von Arbeit und Kapital, um das Wirtschafts- und Gesellschaftssystem geht. Genau besehen, ist dieses Frühthema das Grundthema der Arbeit* (sc. des KDA) *geblieben.* Es wird in den nächsten Jahren, so führt er aus, den KDA bzw. die Kirche *weiterbeschäftigen* auf europäischer Ebene sowie im Blick auf *Arbeitslosigkeit, regionale Zusammenbrüche von Betrieben und Branchen, Verteilungskämpfe und wachsende Armut bei steigendem Reichtum in der Gesamtgesellschaft. . . .*

---

[37] Genaueres bei Klaus-Dieter FELDMANN: Die Betriebliche Willensbildung in Deutschland und Frankreich – Sozialökonomische Interessensbildungsprozesse bei der betrieblichen Mitbestimmung in Deutschland und Frankreich von 1815 bis zu ihrer derzeitigen Gestaltungsform, Aachen 1982.

Mitbestimmung ist ein Grundelement evangelischer Arbeits- und Wirtschaftsethik geworden. Niemand kann ungestraft dahinter zurück. Damit ist mindestens die Gleichberechtigung von Kapital und Arbeit festgeschrieben worden. . . . Die Frage, ob nicht im Vollzug dieser Tradition sogar von einem absoluten Vorrang der Arbeit vor dem Kapital gesprochen werden muss, wird sicherlich noch beantwortet werden müssen. Jedenfalls *sollte*, so Fahlbusch weiter, *die Systemfrage als Frage nach den notwendigen Reformen der sozialen Marktwirtschaft wieder aufgenommen werden.*[38] *Die Demokratisierung des Kapitals ist ein entscheidendes Reformelement. . . . Der hohe Rationalisierungsschub durch die modernen Technologien, die Verknappung der Erwerbsarbeit und die Rentenproblematik legen es aber nahe, diese Diskussion auf einem neuen Erkenntnisstande (Maschinensteuer, Grundeinkommen, Transfereinkommen) wieder aufzunehmen.*[39] (KDA45, S. 44+45) Wenn Arbeit Menschenrecht ist, ist Mitbestimmung ebenfalls Menschenrecht!

Am 20. und 21.11.1990, wenige Wochen nach dem Beitritt der Länder, aus denen die DDR gebildet war, zur Bundesrepublik Deutschland und ihrem Grundgesetz, fand in der Ev. Sozialakademie Friedewald eine Kooperationstagung zum Thema »Soziale Marktwirtschaft im Widerstreit von Anspruch und Wirklichkeit« statt.[40] Unter dem Titel »Die Anteile der ökumenischen Ethik an der Konzeption der »Sozialen Marktwirtschaft« als Her-

---

[38] In der Tat zielt der biblisch zentrale »Personalismus« auf die Vorrangstellung von Arbeit vor Kapital, wie 1981 in der Enzyklika „Laborem exercens" ausgesprochen (Johannes Paul II.). Der Mensch ist Mensch mit, niemals durch Arbeit, mithin stets mehr als der Produktionsfaktor Arbeit, das Kapital ist nichts anderes und darf niemals mehr sein als ein Dienstmittel.

[39] Siehe Wilhelm Fahlbusch: Der Kirchliche Dienst in der Arbeitswelt nach 1945, in: Martin CORDES/Rolf HÜPER/Elke Helma ROTHÄMEL (Hrsg.): Perspektiven zur Sozialen Frage, Hannover 1991, S. 35-46 (zitiert als KDA45 mit Seitenzahl).

[40] Siehe dazu die von Klaus HEIENBROK hrsg. FRIEDEWALDER TEXTE 3/1991, S. 21-31 (Wilhelm FAHLBUSCH: Die Anteile der ökumenischen Ethik an der Konzeption der ›Sozialen Marktwirtschaft‹ als Herausforderung an ihre heutige Praxis – daraus die Zitate, gekennzeichnet mit SMWAW90 und Seitenzahl).

ausforderung an ihre heutige Praxis« betrachtet Wilhelm Fahlbusch die »Soziale Marktwirtschaft« in einem 1. Teil aus einer heute kaum noch bekannten und bewussten Perspektive.[41] In Aufnahme der kultur-, religions- und wirtschafts-soziologischen Forschungen von Alfred Müller-Armack (1901 bis 1978), der als Schöpfer der „irenischen Formel" »Soziale Marktwirtschaft«, ihr Mitbegründer und ihre Leitfigur gilt, „Sozial" stets groß schrieb und bereits ab 1959 eine „gesellschaftliche Umweltordnung" forderte,[42] legt Fahlbusch dar, wie im Konzept der »Sozialen Marktwirtschaft« das *geistige Erbgut des sozialen Katholizismus und des sozialen Protestantismus* eingelassen sind. Dabei sind *Kapital und Arbeit, Arbeitgeber und Arbeitnehmer . . . gemeinsam verantwortlich für das wirtschaftliche Geschehen*, auch wenn über die Ausformung dieser *Partnerschaft* unterschiedliche Auffassungen bestehen, weil die *Partnerschaft* auf einem Interessenkonflikt zwischen Arbeit und Kapital beruht und es stets der *sozialen Gegenmacht* von Gewerkschaften bedarf, um die *ökonomische Macht zu kontrollieren und die Ergebnisse in der gemeinsamen Arbeit gerecht zu verteilen*.

Sehr verkürzt dargestellt, kommen in der »Sozialen Marktwirtschaft« die Grundgedanken des Sozialismus und die des Liberalismus zusammen. Dabei werden sie miteinander verschränkt durch einen in der »Gottesebenbildlichkeit« aller Menschen und, ich ergänze, in der Botschaft von der

[41] Siehe den kommentierten Quellenband von Günter BRAKELMANN/Traugott JÄHNICHEN (Hrsg.): Die protestantischen Wurzeln der Sozialen Marktwirtschaft, Gütersloh 1994, dort besonders die Konzeption der »Sozialen Marktwirtschaft« in der Denkschrift des sog. Freiburger Bonhoeffer-Kreises aus dem Jahr 1943, S. 341-368 (Nr. 40 und 41).

[42] Müller-Armack (1901-1978), in Essen in der Nähe der Krupp-Werke geboren, war z. Z. von Bundeswirtschaftsminister Ludwig Erhard Leiter der Grundsatzabteilung des BMW (ab 1952), dann als Staatssekretär für Europäische Angelegenheiten (1958 bis 1963) u. a. mit den Vorbereitungen für den EURO und eine gemeinsame (!) Wirtschafts- und Finanzpolitik betraut. Vgl. Alfred MÜLLER-ARMACK: Genealogie der Wirtschaftsstile, Stuttgart 1944; DERS.: Das Jahrhundert ohne Gott. Zur Kultursoziologie unserer Zeit, Münster 1948; DERS.: Religion und Wirtschaft, Stuttgart 1959. Dazu Daniel DIETZFELBINGER: Die evangelischen Wurzeln der Sozialen Marktwirtschaft. Genese und ethische Bedeutung einer sozioökonomischen Ordnungstheorie, Bad Boll 2011.

»Rechtfertigung allein aus Gnaden« gegründeten christlichen Personalismus, der sowohl die Besonderheit der Einzelperson als auch die schon darin gegebene Gleichheit aller Personen in allen Lebensvollzügen in den stets miteinander auftretenden Relationen von Freiheit und Gemeinschaft, Eigennutz und Gemeinwohl,[43] Selbstverantwortung und Verantwortung für das Ganze realisiert.

Doch, so Fahlbusch weiter, ist die »Soziale Marktwirtschaft« in Europa ein *Unikat*, das sich *nicht von selbst durchsetzen* wird. Und sie ist ein *Teilsystem, in dem liberale, christliche und sozialistische Traditionsstücke in der Gestalt eines Kompromisses eine politische und sozial höchst effektive Verbindung miteinander eingegangen sind. Freilich: ohne die großen Integrationssysteme Volksparteien und Einheitsgewerkschaften wäre sie nicht möglich gewesen. Die entscheidende Frage heute ist, ob wir diese integrativen Kompromissmodelle in einem anders werdenden Europa und in einer allgemeinen Bewegung zum Partikularismus von Minderheiten aufrechterhalten können.* Diese Frage richte sich vornehmlich an das Unternehmertum, ob beim Ausbau des europäischen Marktes – z. B. mit dem Kosten- und Konkurrenzargument – die Errungenschaften der »Sozialen Marktwirtschaft«, verteidigt oder langsam wieder außer Kraft gesetzt werden sollen. Aus Sicht des Referenten sind zwei Ziele anzusteuern:

Erstens braucht es dringend eine neue Grundverständigung über eine umwelt-, d. h. vor allem fossile Ressourcen schonende Produktions- und Konsumtionsweise, die zum Erhalt der natürlichen Lebensgrundlagen für kommende Generationen beiträgt.[44] Zweitens zeigt sich wieder, dass die

---

[43] Diese dialektische Balance ist überzeugend dargelegt in EKD-KIRCHENAMT (Hrsg.): Gemeinwohl und Eigennutz. Wirtschaftliches Handeln in Verantwortung vor der Zukunft, Gütersloh 1991.

[44] Mit seinen Hinweisen auf die Aufgaben einer ökologischen Erneuerung nimmt Wilhelm Fahlbusch den Diskussionsstrang auf, sich um eine die externen Kosten, das Ver-

Mitbestimmungs- die Kernfrage ist. Denn »Mitbestimmung« ist *ein wesentliches Element der ökumenischen Ethik und der ökumenischen Wirtschaftspolitik*, weil sie sich in politischer Hinsicht als *Gegenmodell zum Klassenkampf ... bewährt* hat und weil sie in theologischer Hinsicht *in der biblischen Aussage vom Vorrang der Person und des Menschen gegenüber allen Ordnungen, Gesetzen und Strukturen und damit auch in der Wirtschaft ihren Ursprung hat.* Keineswegs zuletzt die »Mitbestimmung« als sozialethische Konkretion des christlichen Personalismus war ja – nach den Erfahrungen mit Kaisertum und in der Weimarer Zeit – die ideelle Brücke, auf der in der Bundesrepublik Deutschland in der CDU Katholizismus und Protestantismus und in der SPD (Godesberger Programm 1959) Protestanten, römische Katholiken, agnostische und areligiöse Humanisten, vom Klassenkampf abgerückte Sozialisten in der freiheitlichen Sozialdemokratie zusammenkamen und sich, in der Mehrheit an Kants Ethik orientiert, gemeinsam unter Artikel 1 des Grundgesetzes „Die Würde des Menschen ist unantastbar." stellten, um einen demokratischen und sozialen Rechtsstaat aufzubauen.

Im 2. Teil seines Vortrags greift Wilhelm Fahlbusch noch einmal auf Alfred Müller-Armack zurück, der die »Soziale Marktwirtschaft«, soll sie ihre ökonomische und sozialpolitische Funktion einigermaßen erfüllen, eingebettet sieht in eine tragende Gesamtlebensordnung. Denn der Markt, dem niemals

---

ursacherprinzip durchsetzende und die Grenzen der natürlichen Lebensgrundlagen beachtende wirtschaftliche Nachhaltigkeit zu kümmern, der in der Ev. Kirche in Deutschland seit Mitte der 1960er Jahre, also etwa 15 Jahre vor Gründung der Partei „Die Grünen" Anfang 1980 verfolgt wird. Schon seit Mitte der 1940er Jahre betrachtete Walter Eucken, das „Haupt" der Ordoliberalen der Freiburger Schule, die rein betriebswirtschaftliche Betrachtungsweise als Unterschlagung der wahren Kosten. Die Idee und Praxis von »Nachhaltigkeit« wurde von dem orthodox-lutherischen Kameralisten und sächsischen Oberberghauptmann Hans Carl von Carlowitz seit etwa 1713 für die Forstwirtschaft eingeführt. Vgl. Traugott JÄHNICHEN/Torsten MEIREIS/Johannes REHM/Sigrid REIHS/Hans-Richard REUTER/Gerhard WEGNER (Hrsg.): NACHHALTIGKEIT, Jahrbuch Sozialer Protestantismus 9, Gütersloh 2016.

mehr als eine dienende Verteilerfunktion zugesprochen werden könne, verbrauche die Werte, von denen er lebe; selbst schaffen könne er sie niemals! *Das stark dynamische Element des Marktes, der technologischen und organisatorischen Entwicklung der Produktion, Verteilung und Dienstleistung muss . . . flankiert werden von der ethischen Diskussion über die Werte und Ideen, die diesem Element vorgegeben sind und denen es dienen soll.* Zumal deshalb ist es notwendig, das *Partnerschaftsmodell* um die *Dimension der Mitbestimmung . . . zu erweitern. Es gilt nicht mehr, den freien Markt zu sichern und zu stärken, es muss nicht nur der Staat Autorität und Kraft haben, die Wirtschaft den sozialen Ideen und Forderungen der Lebensordnung des Gemeinwesens unterzuordnen. Es müssen auch die Stifter und Träger der Werte und Normen, die dieser Lebensordnung zugrunde liegen, gestärkt und ertüchtigt werden, um an diesem Diskurs zwischen Wirtschaft und Staat gleichberechtigt teilzunehmen. Diese Träger und Stifter sind . . . die kulturellen und religiösen Institutionen und die Bürger.*[45]

In dieser Weise will Wilhelm Fahlbusch der alten, ab etwa 1959 artikulierten Forderung Alfred Müller-Armacks nach einer „2. Phase der Sozialen Marktwirtschaft" neue Geltung verschaffen. So wird in diesem Friedewalder Vortrag klar erkennbar, ein wie intensiver Verfechter der »Sozialen Marktwirtschaft« Wilhelm Fahlbusch war, wie er aber gerade deshalb angesichts von Partikularisierung und neuer Nationalisierung, dem Wieder-

---

[45] Wie mittelbar in dem bisher Ausgeführten nimmt W. Fahlbusch besonders hier Grundgedanken und -forderungen der Nationalökonomen im sog. Freiburger Bonhoeffer-Kreis auf (Walter Eucken, Adolf Lampe, Constantin von Dietze) – siehe Klaus VON BISMARCK/Helmut THIELICKE (Hrsg.): In der Stunde Null. Die Denkschrift des Freiburger Bonhoeffer-Kreises. Politische Gemeinschaftsordnung. Ein Versuch zur Selbstbesinnung des christlichen Gewissens in den politischen Nöten unserer Zeit, Tübingen 1979. Ein positiv-kritischer Rückblick und die Bestimmung gegenwärtiger und zukünftiger Herausforderungen findet sich in: Heinrich BEDFORD-STROHM/Traugott JÄHNICHEN/Hans-Richard REUTER/Sigrid REIHS/Gerhard WEGNER (Hrsg.): ZAUBERFORMEL SOZIALE MARKTWIRTSCHAFT. Jahrbuch Sozialer Protestantismus 4, Gütersloh 2010.

erwachen von wirtschafts- und sozialschädlichem Protektionismus und dem Leugnen der ökologischen Herausforderung sich um die Zukunft dieses Wirtschafts- und Sozialmodells in Deutschland und Europa, ja weltweit Sorgen machte.

Bereits im Mai 1990 hatte Wilhelm Fahlbusch für die »Gruppe offene Kirche« (GOK) ein Sonderheft „Zur Einführung der Marktwirtschaft in der DDR" mit dem Titel »Soziale Marktwirtschaft und ökumenische Ethik« zusammengestellt. Jetzt müssen acht Punkte ausreichen, um die wichtigsten Aussagen der in vier Thesen mit Erklärungen gegliederten Ausführungen zu präsentieren.[46]

1) Namentlich die »friedliche (Kerzen-)Revolution 1989« in der DDR gehört zu denjenigen Revolutionen, die aus einer *tiefen menschlichen Existenzerfahrung kommen.*

2) Die »Soziale Marktwirtschaft«, obschon in manchen kirchlichen Kreisen Gegenstand von Kritik, ist in *besonderer Weise eine Gestalt der christlichen Ethik, sie ist ausdrücklich sozialethische Praxis mit hohen evangelisch-katholischen, also ökumenischen Anteilen.*

3) Die soziale Einbindung in das politische Gemeinwesen machen den Erfolg der »Sozialen Marktwirtschaft« aus, nicht der Markt selber, also nicht die Ökonomie!

4) *Die inhaltliche Nähe der christlich-sozialen Tradition zur sozialdemokratischen Bewegung ... war die Klammer, mit der auch die Sozialdemokratie* (und damit, soweit man noch von ihr sprechen kann, große Teile der Arbeiterschaft) *. . . für die Soziale Marktwirtschaft gewonnen werden konnte.* Ihre

---

[46] Siehe MAGOK (Materialien zur Arbeit der Gruppe Offene Kirche): Soziale Marktwirtschaft und ökumenische Sozialethik, Sonderheft zur Einführung der Marktwirtschaft in der DDR, Mai 1990, Stade/Gifhorn (zitiert als MAGOK90 mit Seitenzahl). Diese Ausarbeitung kann als Vorbereitung für etliche Vorträge gelten, die Wilhelm Fahlbusch in der Wendezeit und im Blick auf die Wiedervereinigung 1989 bis 1991 auf Anfragen u. a. von Kirchengemeinden, aber auch von außerhalb der Kirchenmauern gehalten hat.

Einführung darf also weder zu Lasten noch zur Zersplitterung der Arbeiterschaft besonders in der DDR gehen.

5) Die prekäre Balance zwischen Freiheit und Verantwortung und damit das gegenseitige Verpflichtungsverhältnis von Staat und Bürger und umgekehrt muss – namentlich im Empfinden der Bürgerinnen und Bürger – erhalten bleiben. Das heißt auch: *Eine Wirtschaft, die vom Staat dirigiert wird,* ist ebenso wenig eine »Soziale Marktwirtschaft« wie eine Wirtschaft, *die der Gesellschaft oder dem Staat* das Gesetz der Ökonomie *als Lebensgesetz oktroyieren.*

6) *Soziale Marktwirtschaft ist die ständige Verpflichtung, die Wirtschaft dem Menschen dienstbar zu machen und zu verhindern, dass der Mensch dem wirtschaftlichen Prozess wie einem Verhängnis unterworfen wird.* Die »Soziale Marktwirtschaft« kann ihre positiven Potentiale nur nutzen, *wenn sie grundsätzlich für die notwendigen Korrekturen und Reformen offen gehalten wird.* Wird die »Soziale Marktwirtschaft« um ihrer selbst willen doktrinär verteidigt, ist sie nur noch ein *Glaubensbekenntnis* vom Wert eines Lippenbekenntnisses.

7) Die »Soziale Marktwirtschaft« funktioniert und verdient ihren Namen nur, wenn die *Parität von Kapital und Arbeit* gewährleistet bleibt. *Diese Paritätsforderung ist ein Teil des ökumenischen Sozialkatechismus,* obwohl sie hinter der päpstlichen Enzyklika »Laborem exercens«, die von der Priorität der Arbeit gegenüber dem Kapital ausgeht, in zwar pragmatischer, jedoch nach den Kriterien einer ökumenischen christlichen Sozialethik auf Dauer schwer hinnehmbarer Weise zurückbleibt.

8) Das Schicksal der »Sozialen Marktwirtschaft« entscheidet sich an Art und Maß der »Mitbestimmung«. Im Gedanken der »Mitbestimmung« begegnet der christliche Personalismus (die in der Gottesebenbildlichkeit und der Rechtfertigungsbotschaft gegebene unterscheidende Eigenpersönlich-

keit ist zugleich der Grund der Gleichheit aller Menschen vor Gott) seinen eigenen Folgen. *Die »Soziale Marktwirtschaft« ist weithin Praxis . . . ökumenischer sozialethischer Prinzipien, Aussagen, Leitsätze und Empfehlungen.* Zum Schluss seiner Ausführungen thematisiert Wilhelm Fahlbusch die inzwischen erkannte ökologische Dimension allen ökonomischen Handelns! Da es zugleich um »Teilhabe« geht, spricht er von der kritischen Solidarität der Kirche als von einer *unbequemen Diakonie*, einem notwendigen Element »gesellschaftlicher Diakonie« (Heinz-Dietrich Wendland).[47] Gleicherweise gehört zu solcher »gesellschaftlichen Diakonie« das unbequeme Eintreten für den Grundsatz der »Dienstbarkeit« jeder wirtschaftlichen Tätigkeit.

[4] „Lehrer" und Lehre

Wilhelm Fahlbusch hat in allen Vorlesungen und Vorträgen auf Fragen und Anfragen aus der Praxis zu antworten versucht, ohne dabei auf eine letzte systematische Kohärenz bedacht zu sein. Ohne viele Anmerkungen hat er neben Paulus und Luther immer wieder die Namen der Philosophen Kant, Hegel, Marx und Nietzsche und von den Theologen die Namen Schleiermacher, Troeltsch, Gogarten, Barth, Bultmann, Bonhoeffer, Tillich genannt. Er

[47] Heinz-Dietrich Wendland (1900-1992), Nestor evangelischer Sozialethik in Deutschland in den 1950er und 1960er Jahren, hat seit seinem für die neue Diskussion bahnbrechenden Buch „Die Kirche in der modernen Gesellschaft" (1956) über die konfessions-ökumenischen Konvergenzen und Kooperationen hinaus in allen seinen Schriften zur Sozialethik die Global-Ökumene im Blick. Dabei macht er J. H. Oldhams Begriff von der „verantwortlichen Gesellschaft", mit dem die Weltgesellschaft gemeint ist, für die deutschsprachige Diskussion fruchtbar. Eine Einführung bieten Karl-Wilhelm DAHM/Wolfgang MARHOLD: Theologie der Gesellschaft. Der Beitrag Heinz-Dietrich Wendlands zur Neukonstitution der Sozialethik, in: Manuela VOM BROCKE/Hartmut PRZYBYLSKI (Hrsg.): Ansätze evangelischer Sozialethik. Ein Arbeitsbuch, Bochum 2005, S. 206-235. Vgl. aus dem Luth. Weltbund Karen L. BLOOMQUIST (Hrsg.): Verantwortung füreinander – Rechenschaft voreinander. Neoliberale Globalisierung als Anfrage an die lutherisch Kirchengemeinschaft, LWB-Dokumentation Nr. 50, Genf 2005. Die Probleme der ökonomischen Globalisierung im Blick auf Arbeit, Einkommen, Technikgebrauch- und -umgang [Digitalisierung], Umwelt und Klima berühren auch nach Fahlbuschs Überzeugung unmittelbar die Kirchengemeinschaft!

achtete diejenigen, die vor ihm gedacht und gesprochen haben. Er gehörte keiner „theologischen Schule" an, sondern dachte selbstständig, angeregt durch Impulse und in Aufnahme von Motiven anderer Denker vor ihm. So sind auch Fahlbuschs Äußerungen über seinen Göttinger Professor für Systematische Theologie Friedrich Gogarten (1887-1967) zu werten.[48] Einer dieser meist knappen Hinweise lautet sinngemäß, Friedrich Gogartens Säkularisierungsthese[49] habe ihn zu der ihn stabilisierenden Erkenntnis geführt, dass er sich in der industriellen Moderne keineswegs in der Fremde, sondern auf dem Boden eines gemeinsamen Erbes bewege. Gogartens Kernthese sei anhand seiner Schrift »Verhängnis und Hoffnung der Neu-

---

[48] Aus Gogartens umfangreichem Œuvre nenne ich hier nur Friedrich GOGARTEN: Der Mensch zwischen Gott und Welt, Heidelberg 1952; DERS.: Verhängnis und Hoffnung der Neuzeit. Die Säkularisierung als theologisches Problem, Stuttgart 1953. Friedrich W. Graf nennt Gogarten, obwohl er alle Totalansprüche relativierte, einen „antimodernistischen Modernen". Siehe Friedrich Wilhelm GRAF: Friedrich Gogartens Deutung der Moderne. Ein theologie-geschichtlicher Rückblick, ZfKG 100. Bd. (1989) / Vierte Folge XXXVIII, S. 169-230 (Zitate in dieser Anm.: S. 226+227). Für vorliegenden Beitrag konnte ich ebenfalls Einsicht nehmen in Hermann FISCHER: Christlicher Glaube und Geschichte – Voraussetzungen und Folgen der Theologie Friedrich Gogartens, Gütersloh 1967; Hermann G. GÖCKERITZ: Friedrich Gogarten, in: Wolf-Dieter HAUSCHILD (Hrsg.): Profile des Luthertums – Biographien zum 20. Jahrhundert, Gütersloh 1998, S. 215-258; Wilfried JOEST: »Verhängnis und Hoffnung der Neuzeit«. Kritische Gedanken zu Friedrich Gogartens Buch, KuD 1. Jg. (1955), S. 70-83; Matthias KROEGER: Friedrich Gogarten. Leben und Werk in zeitgeschichtlicher Perspektive, Stuttgart/Berlin/Köln 1997; Carlos NAVEILLAN: Strukturen der Theologie Friedrich Gogartens, München 1972; Theodor STROHM: Theologie im Schatten politischer Romantik. Eine wissenschaftssoziologische Anfrage an die Theologie Friedrich Gogartens, München/Mainz 1970; Michael WEINRICH: Der Wirklichkeit begegnen... – Studien zu Buber, Grisebach, Gogarten, Bonhoeffer und Hirsch, Neukirchen-Vluyn 1980, S. 131-212; Christian DANZ: Glaube als Evident-Werden Gottes. Die Überwindung des Historismus bei Friedrich Gogarten, in: DERS.: Gott und die menschliche Freiheit. Studien zum Gottesbegriff der Neuzeit, Neukirchen-Vluyn 2005.

[49] Inzwischen ist die Debatte zum Thema »Säkularisierung« überaus verzweigte und vielfach andere Wege gegangen. Dazu kann hier nur auf die u. a. von Alfred Schütz, Thomas Luckmann, Jürgen Habermas, Niklas Luhmann, Hermann Lübbe angestoßenen und geführten strittigen Debatten hingewiesen werden. Um den Anteil der Kirchen an den Entfremdungsprozessen in der säkularen Lebenswelt markant zu annoncieren, hat Fahlbusch gelegentlich erinnert an das Buch seines zeitweiligen Studienleiter-Kollegen an der Ev. Akademie Loccum, den späteren Soziologie-Professor Joachim MATTHES: Die Emigration der Kirche aus der Gesellschaft, Hamburg 1964.

zeit« (Erstausgabe: 1953) skizziert: »Säkularität bzw. Säkularisierung« ist legitimes Erbe wie adäquate Form eines biblisch fundierten christlichen Glaubens und seiner Geschichte im Christentum. Hingegen ist »Säkularismus« bloß instrumenteller Umgang mit den Lebensgaben und hybrides Übersteigen des Natur- und Menschengegebenen aufgrund einer von ihrem Ursprung losgelösten Autonomie, die zu einem Absturz in die Inhumanität führt. Demnach ist »Säkularität bzw. Säkularisierung« eine voll und ganz zu akzeptierende Folgeerscheinung des christlichen Glaubens, deren Gehalt und Gestalt durch die Reformation neu und wirksam ans Licht gekommen ist. Indes ist im tatsächlichen Vollzug deren ursprünglicher Sinn zum »Säkularismus«, der geradezu dämonische Züge annehmen kann, pervertiert worden.

In diesem Sinn »säkularistisch« ist das bloße Selbstseinwollen. Dieses ist das Ende der »Sohnschaft«, durch die der Mensch Gott in dieser Welt vertritt. Jene »Sünde« aber hat Jesus der Christus auf sein Konto genommen. Wer teilhat am Leiden des auf Golgatha Gekreuzigten, mit dem dieser sich unüberbietbar an die Welt preisgibt und in der ungeteilten Lebenshingabe ihr das Heil und die Hoffnung auf das Reich Gottes schenkt, erhält in Jesus dem Christus die »Sohnschaft« zurück. Dadurch wird er berufen und befähigt zu einem *vernünftigen Gottesdienst* (Römer 12,2). So ist die entmythisierte Welt die säkulare, d. h. geschichtliche Welt, in der der Mensch, allein seiner Vernunft und der Wissenschaft verpflichtet, Geschichte gestalten kann. „In dem durch diese Preisgabe aller inhaltlichen Vorstellungen einer heilhaft geordneten Welt freigewordenen Raum bleibt die Erwägung säkularer weltlicher Vernünftigkeit die einzige materiale Direktive seines Handelns."[50] So sind alle Hervorbringungen, Ordnungen und Einrichtungen der Menschen welthaft, geschichtlich, zeitbedingt, veränderbar. Selbst die Kir-

---

[50] So Wilfried JOEST: a. a. O., S. 73.

che ist „ein weltlich Ding", kritisierbar und reformierbar, heilig ist allein Gott in Jesus Christus, den sie in Wort und Tat, in Tat und Wort zu verkündigen hat. Gogarten betrachtet die Neuzeit zwar als genuine Folge des Christentums, die ist sie jedoch nur, wenn sie in Gericht und Gnade an Gott gebunden bleibt. Wo Weltwissen und Lebensgestaltung sich vom Glauben lösen, übersteigert der Mensch seine Weltverfügung zum »Säkularismus« als Totalitarismus, als Ideologie oder als Nihilismus.

So unbestreitbar Wilhelm Fahlbusch diese Motive aus Friedrich Gogartens Theologie seinem Denken anverwandelt, so sehr bleibt doch festzustellen, dass er sich stärker noch von Dietrich Bonhoeffer (1906-1945) beeinflusst weiß:[51] *Radikaler ist freilich die niemals exakt durchgeführte Säkularisierungsanalyse bei Bonhoeffer, weil sie sozusagen weder einen Ausweg zeigt noch historische Erklärungsmuster bemüht. Die Säkularisierung stellt uns radikal vor die Frage, ob es überhaupt noch Sinn hat, von Gott oder von Christus in unserer Welt zu reden, oder ob das nicht doch alles von gestern, vergangene Möglichkeit einer religiösen Welt sei, die es nun nicht mehr gibt. Die Erfahrungen im KDA gehen mehr in diese Bonhoeffersche Richtung. Wer im KDA arbeitet und sich nichts vormacht, erfährt hier reine, harte und kompromisslose Säkularisierung als die Grundbedingung der ökonomischen Existenz und damit auch als Alltagsmilieu. Alle religiösen Äußerungen erscheinen hier als privatistisch…, ja als sektiererische Marotte. Die Rationalisierungsgewalt der industriellen Arbeitswelt übt destruktive Macht auf die religiösen Traditionen und auf das religiöse Bewusstsein aus. Vor allem auf das Verhältnis zur Kirche.* Doch, so fährt Fahlbusch eine der Industriegesellschaft innewohnende Dialektik beschreibend fort, *ihre Kräfte produzieren sozusa-*

---

[51] So Fahlbusch in Friedewald (siehe am Anm. 1 a. O., S. 23+24). – Siehe jetzt gegen manche Fehlinterpretationen Bonhoeffers Anliegen klar und überzeugend herausarbeitend Wolfgang HUBER: Dietrich Bonhoeffer - Auf dem Weg zur Freiheit. Ein Porträt, München 2019.

gen konstruktive Gegenmacht und zeigen den *Ort..., an dem legitim und fruchtbar über Gott nachgedacht werden kann, ohne dass dies eine obskure religiöse Privatbeschäftigung wäre. Die Gottes- und Christusfrage bekommt damit gesellschaftliche Dimension und Gewalt. Gott ist nicht jenseits und nicht über uns, sondern mitten unter uns und vor uns als Provokation unserer Freiheit und Emanzipation, die sich nun als Freiheit der Gotteskinder und Welterben bewähren oder als Freiheit der sich selbst nur Behauptenden auch selbst nur zerstören kann.*

Da die durch seine bitteren Erfahrungen im Widerstand gegen das Nazitum sich dramatisch verändernde Theologie Bonhoeffers weitgehend bekannt ist, brauchen hier nur die in Wilhelm Fahlbuschs Œuvre wiederkehrenden Grundmotive stichwortartig und zusammenfassend genannt zu werden:

1) Die Kirche ist Christus als Gemeinde existierend.

2) Die Taufe begründet die Mündigkeit des Christen.

3) Statt einer unwandelbaren Schöpfungsordnung gelten für das verantwortliche Handeln Mandate im Rahmen der konkreten Lebenswelt. Demzufolge ist *die Wirklichkeit ... das Sakrament des Gebotes.*[52]

4) Menschenwürde und Menschenrechte, konkretisiert im Recht auf körperliche Unversehrtheit und in Gewissens- und Glaubensfreiheit, bilden den einzig gültigen internationalen bzw. ökumenischen Handlungsmaßstab auf dem Weg zu Freiheit und Frieden.

5) Zu Bonhoeffers Verantwortungsethik gehört die Bereitschaft zum Widerstand als ultima ratio, die Bereitschaft zur Schuldübernahme eingeschlossen.

6) Die Verlassenheit Jesu am Kreuz auf Golgatha, die Welt in ihrer ungeschminkten und ungeschmälerten Weltförmigkeit, ist der Ort von Gottes

---

[52] Dieses und folg. Bonhoeffer-Zitate bei Wolfgang HUBER: a. a. O., S. 140, 252-253.

Gegenwart, jenseitig inmitten des Diesseits: *Christen stehen bei Gott in seinem Leiden.*

7) In Anbetracht der Mündigkeit des Menschen „etsi Deus non daretur" und der Religionslosigkeit der Welt kann die Verkündigung der biblischen Botschaft weder auf überkommene religiöse Lebensformen auf der Grundlage einer metaphysischen Gottesidee aufbauen noch durch äußere staatsrechtliche Stützen sich geschützt wissen, sondern muß (und wird) in der Religionsferne, ja Gottlosigkeit neue, andere Worte finden.

Wilhelm Fahlbuschs Herz und Geist war erfüllt von Aussagen Bonhoeffers wie diese: *Jesus ruft nicht zu einer neuen Religion auf, sondern zum Leben.* Denn im Gekreuzigten geht die Gotteswirklichkeit in die Weltwirklichkeit so ein, dass die volle Diesseitigkeit zum Ort des Glaubens wird, jenseits kirchlicher oder allgemeinreligiöser Schutzmauern. So wird Jesus Christus zum Urbild von Humanität.[53] Demzufolge war Fahlbusch ein sozialethisch und -politisch engagierter Theologe, der keiner Ermäßigung des Verkündigungsauftrags der Kirche das Wort redete. Mit Nachdruck trat er für eine öffentlich immer wahrnehmbarere »Spiritualität« ein, aber für eine »Spiritualität der offenen Augen«, damit auch für eine Seelsorge, die allemal Leibsorge ist.

Als theologischer Lehrer war Wilhelm Fahlbusch seinen Studentinnen und Studenten auch persönlicher Ratgeber. Nachdrücklich hat sich der Professor für die Selbstverwaltung und die wirkungsvolle Selbst- und Mitbestimmung der Studierenden eingesetzt. Im Blick auf den kirchlichen Berufszweig Diakonie/Religionspädagogik ist er beharrlich dafür eingetreten, dass die für diese Handlungsfelder mit Diplom Qualifizierten eine eigene Rolle in der Kirche spielen. Es gehörte zu Fahlbuschs »Ceterum Censeo«,

---

53 Nach Wilhelm FAHLBUSCH: Zum Auftrag der Kirche, ms. Kopie eines in „Stimme der Arbeit" 7/1970, ohne Seitenangabe, veröffentlichten Aufsatzes.

dass die Kirche, will sie ihren Verkündigungsauftrag wirklich erfüllen und gemeinsam mit den Menschen in ihrer tatsächlichen, komplexen und differenzierten, von gewaltigen Widersprüchen geprägten Lebenswelt nach Gott fragen, Menschen mit unterschiedlichen Berufen benötigt. Die Fokussierung der Ev. Fachhochschule auf die Handlungsfelder Diakonie und Religionspädagogik sind vom strukturierten wie strukturellen Hilfehandeln und von der Gemeindepädagogik, insofern in dieser vornehmlich Gruppenprozesse initiiert und begleitet werden, her entworfen. Diese enorme Spannweite in dem vom Berufsbild wenig festgelegten Diakonen-Beruf[54] erfordert im entwickelten Sozialstaat Kompetenz und Professionalität. Sie bedeutet in der Kirche eine dreifache Anwaltschaft: für das Soziale, für die (religiöse) Bildung und für das Ehrenamt, das aus dem »Priestertum aller Getauften« Würde, Wert und Kraft erhält.

Vor diesem Horizont konzipiert der Professor Fahlbusch auch seine Vorlesungen und Seminare.[55] Dabei muss er darauf Bedacht nehmen, dass die große Mehrheit der Studierenden, von naturwissenschaftlichen oder neusprachlichen Gymnasien kommend, weder ausreichende Kenntnisse der Alten Sprachen noch der Philosophie- und Theologiegeschichte hat und dass seit Ende der 1960er Jahre im Zeichen der Erlebnispädagogik weder aus dem Konfirmandenunterricht noch aus der ev. Jugendarbeit einigermaßen fundierte Kenntnisse in der Katechismus- und Frömmigkeitstradition vorhanden sind, dass zugleich die Fachhochschule gegenüber der Universität einen erhöhten Anspruch an die Verbindung von Theorie und Pra-

---

[54] Siehe Wilhelm FAHLBUSCH: Anmerkungen zum Berufsbild des Diakons aus der Sicht des Fachbereichs II an der Ev. Fachhochschule in Hannover (im Nachlass befindliche Fotokopie einer vermutlich für einen Synodenausschuss erstellten 6-seitigen Ausarbeitung unter dem Datum des 16.10.1980 [Signatur: Fa/Jo]).

[55] Als Fachhochschulprofessor hatte Fahlbusch das hohe Pensum von 18 Pflichtstunden Lehre pro Woche zu absolvieren! – Fahlbuschs Vorlesungen befinden sich im Nachlass, meistens als handschriftliche, z. T. unabgeschlossene Entwürfe oder maschinenschriftliche Mss., was eine Zitation erschwert.

xis hat und eben die sozialen Fragen in der Theologie, wo auch der Praktischen nicht der gleiche Wert wie der Historischen und Systematischen Theologie zugebilligt wird, mehr oder weniger ein Schattendasein führen. Außerdem steckt, als Wilhelm Fahlbusch Professor wird, der Dialog zwischen Humanwissenschaften und Theologie noch in den Kinderschuhen. Von seinen Vorlesungen nenne ich einige besonders charakteristische:

▹ *Entstehung, Entwicklung und Bedeutung der wichtigsten theologischen Richtungen im Kontext der Industriegesellschaft.* In diesem mehrfach variierten Vorlesungstyp versucht Fahlbusch, die Theologie- und Kirchengeschichte ab dem 18. Jh. im Kontext der sozialen und politischen Umwälzungen, ja Verwerfungen und ihres demokratischen Erneuerungspotentials verstehbar zu machen.

▹ Vorlesungen und Seminare zu Einzelpersönlichkeiten der neueren und neusten Theologie- und Kirchengeschichte wie Martin Luther, Karl Barth, Rudolf Bultmann und besonders intensiv Dietrich Bonhoeffer (z. B. ein Seminar im Sommersemester 1990), desgleichen zum Verhältnis von Christentum und Marxismus.[56]

▹ Bereits in den 1980er Jahren hat Wilhelm Fahlbusch sich mit dem Älterwerden der Gesellschaft befasst und eine Fülle von Anregungen für neue Formen kirchlicher Seniorenarbeit gegeben. Damit war er, wie auf so vielen Gebieten, seiner Zeit voraus.[57]

---

[56] Zu diesem Thema befindet sich im Nachlass ein mit keinen weiteren Angaben versehener maschinenschriftlicher Text aus vermutlich den 1960er Jahren: *Die Herausforderung der Christen durch den Marxismus.* Darin arbeitet er zwar die markanten Unterschiede heraus, betont aber, Christen und Marxisten hätten ein gemeinsames Grundanliegen: mit allen Kräften gegen die soziale Not und ihre Folgen anzugehen, um zu einer befreite(re)n Humanität zu gelangen. Insofern sei der Marxismus die Kehrseite des Versagens der Christenheit in der industriellen Revolution, damit eine Provokation zur Selbstbesinnung der christlichen Kirchen.

[57] Im Nachlass findet sich die bei den Dozenten Wilhelm Fahlbusch und Gerhard Dahle angefertigte Kolloquiumsarbeit von Perdita Wünsch: *Junge Alte im Kommen – Neue Auf-*

▷ Einen besonderen Raum und eine starke Bedeutung haben die unterschiedlich akzentuierten in der Regel zweisemestrigen Vorlesungen zur *Theologie des Apostels Paulus*, zu der sich im Nachlass mehrere handschriftliche und hektographierte Manuskripte finden. Das Neue Testament, das Fahlbuschs Meinung zufolge nur zu verstehen ist, wenn man die Hebräische Bibel (AT) kennt, gilt ihm als *Ur-* bzw. *Gründungsdokument*, als *Dokument des Anfangs* der Christenheit bzw. der Kirche, deshalb muss dessen Auslegung in sachlicher und maßgebender Hinsicht stets am Anfang theologisch-ethischer Überlegungen stehen. Als Begründer christlicher Theologie überhaupt gilt ihm Paulus, wobei Fahlbusch dessen jüdische Wurzeln ausdrücklich würdigt statt sie als Negativfolie für das Christliche herabzusetzen. Besondere Schwerpunkte setzt Fahlbusch, den manche Studierenden wegen seiner eindrücklichen Vortragsweise für einen Paulus redivivus gehalten haben mögen, bei Paulus' Tauf-, Auferweckungs- und Gottesdiensttheologie. Es gelingt ihm, aus der eschatologischen Perspektive Impulse und Kriterien für die notwendige Übernahme sozialer Verantwortung zu gewinnen. Die historisch-kritische, um sozialgeschichtliche Forschungen erweiterte Exegese hält Fahlbusch für unabdingbar, weil nur sie die Biblische Botschaft konkret in ihren lebensweltlichen Bezügen verstehen lassen kann.

---

gaben für die Kirchengemeinde durch eine veränderte Altersstruktur, dargestellt an der Initiierung eines Mitarbeiterinnenkreises für die Seniorenarbeit (Kolloquium: 6.2.1995). Außerdem habe ich nur gefunden Wilhelm FAHLBUSCH: Neue Kooperationsformen kirchlicher Altenarbeit, unveröffentlichtes handschriftliches Ms. zum Referat vom 20.11.1992 im Kolpinghaus in Fulda. Siehe aber die Festschrift zu Fahlbuschs Zurruhesetzung: Christiane BURBACH/Ernst Christoph MERKEL (Hrsg.): Aufbruch zum Diesseits, Hannover 1995, dort besonders Teil 6 die Beiträge zum Thema „Alter(n)". – Jetzt grundlegend: Michael COORS: Altern und Lebenszeit. Phänomenologische und theologische Studien zu Anthropologie und Ethik des Alterns, HUTh 78, Tübingen 2020.

Fahlbusch war beeinflusst von der sog. Dialektischen Theologie. Gleichwohl hat er sich in seinen 1974/1975 begonnenen Vorlesungen angenähert an Friedrich D. E. Schleiermacher (1768-1834), dem „Kirchenvater des 19. Jahrhunderts". In der oben erwähnten Theologiegeschichte, vermutlich seine erste und mehrsemestrige Überblicks- und Einführungsvorlesung an der Ev. Fachhochschule Hannover,[58] zeichnet er recht genau und gründlich den theologischen Ansatz Schleiermachers nach, der in seiner 1799 erschienen Schrift „Über die Religion. Reden an die Gebildeten unter ihren Verächtern" der Religion einen charakteristischen, von Metaphysik und Naturwissenschaften unabhängigen Platz im menschlichen Dasein als einer „eigenen Provinz im Gemüt" einräumt. Überhaupt erkennt Fahlbusch in Schleiermachers „Pietismus höherer Ordnung" die Möglichkeit, sowohl die Kluft zwischen Glauben und Wissen, für Fahlbusch vor allem zwischen Kirche und industrieller Arbeitswelt, als auch deren Zusammenhang zu begreifen. Einige Jahre nach dieser Vorlesung, im „George-Orwell-Jahr" 1984, erschließt sich ihm in Schleiermachers Bestimmung der Religion als „Sinn und Geschmack für das Unendliche" und als durch keine sonstige menschliche Leistung einzuholendes Bewusstsein eines „schlechthinnigen Angewiesenseins" die Einsicht in ein unhintergehbares Mitweltverbundensein, das lebensbedrohlich gestört ist durch die globalen Umweltschäden. Da der Einsatz für die Permanenz natürlichen Lebens auf dieser Erde zum kategorischen Imperativ geworden ist (Hans Jonas), ist die unverzügliche Umkehr und Neujustierung der Wahrnehmungs-, Denk- und Handlungsrichtung des Menschen vom Ausschnitthaften weg auf das Ganze von Welt und Leben

[58] Siehe Wilhelm FAHLBUSCH: Entstehung, Entwicklung und Bedeutung der wichtigsten theologischen Richtungen im Kontext der Industriegesellschaft (nicht zur Veröffentlichung bestimmte Vorlesungsnachschrift aus dem Sommersemester 1975, Hektographie, S. 27-48: Kapitel 4 – F. D. E. Schleiermacher: Versuch einer neuen Definition der Religion im Milieu der Aufklärung, des Positivismus und der deutschen Romantik).

not-wendig geworden. Diese Transformation des Sinnes und der Wirtschaftsweise gesamtgesellschaftlich in Angriff zu nehmen, dazu gibt ihm Schleiermacher in aktueller Aneignung den Anstoß: *Wider den Imperialismus des menschlichen Denkens und Handelns.*[59] Wilhelm Fahlbuschs Rückbezug auf Schleiermachers „Reden über die Religion" ist ein signifikantes Beispiel dafür, wie ihm – jenseits von Traditionalismus und Historismus – Tradition zur Quelle von Inspiration werden konnte. Dabei folgte er Tillichs Aussage zum »Protestantischen Prinzip«: der Protestantismus ist sowohl Kritik als auch Gestaltung.

[5] Recht auf Arbeit – Rechte aus Arbeit

Arbeit ist Menschenrecht. Martin Luther soll gesagt haben, der Mensch sei zur Arbeit geboren wie der Vogel zum Fliegen. Wer theologisch so gründlich von der Taufe her denkt und sich aus ihr zum Glauben, Hoffen und Lieben berufen weiß, wem von diesem sakramentalen, letztlich unverfügbaren Geschehen ausgehend das »Priestertum aller Getauften« als Antrieb und Leitbild personalen und gemeinsamem christlichen Lebens gilt, wem sich kraft des Zuspruchs der Gnade vor, in und nach allem Geleisteten die Geschöpflichkeit als Gabe und Aufgabe gerade auch in den leiblichen Daseinsvollzügen neu erschließt, wer im Wissen um das eigene zur Lebensgestaltung Berufen- und Befähigtsein seinen weltlichen Beruf als geistliche Gabe erkennt, der weiß allemal, wie elementar der Mensch Mensch mit Arbeit, aber nicht durch Arbeit ist. Für den ist es so selbstverständlich wie zwingend, das Recht auf Arbeit und die Rechte aus Arbeit als Kern und Stern einer „demokratischen Sittlichkeit" (Axel Honneth) zu betrachten, weiterzuentwickeln und zu verteidigen. Für den sind das Recht auf Arbeit und die Rechte aus Arbeit Dreh- und Angelpunkt für alle anderen

[59] Titel einer Miniatur von Wilhelm Fahlbusch in: bud 6/1984, S. 8-14.

Teilhaberechte, in denen das Menschenwürdegebot in einer Politik der Anerkennung realisiert wird und aus denen sich in einem sozialen Rechtsstaat die Sozialordnung eines Gemeinwesens im Vollzug permanenter Reform folgerichtig ergibt. Die Bundesrepublik Deutschland ist vom Grundgesetz her so verfasst, dass die Freiheitsrechte sowohl Abwehr- als auch Teilhaberechte, somit die Sozialrechte eine Säule der Freiheitsrechte sind.[60] Arbeit ist Menschenrecht. Und kann Ort der Gotteserfahrung sein.

In diesem Sinn steht das Thema »Arbeit« für Wilhelm Fahlbusch ganz oben auf der Tagesordnung.[61] Es war für ihn Leitgedanke seiner Lehrtätigkeit,

---

[60] Vgl. Paul RICŒUR: Wege der Anerkennung: Erkennen, Wiedererkennen, Anerkanntsein, Frankfurt/M. 2006; Axel HONNETH: Das Recht der Freiheit. Grundriss einer demokratischen Sittlichkeit, Berlin 2013; DERS.: Anerkennung. Eine europäische Ideengeschichte, Berlin 2018.

[61] Hier stütze ich mich auf den von Wilhelm Fahlbusch und mir entworfenen EKD-Text 37 „Evangelisches Bildungsverständnis im Wandel der Arbeitsgesellschaft" (1991). Zur Untermauerung habe ich für diese Ausarbeitung auf folg. Fahlbusch-Äußerungen zurückgegriffen, die ich ohne ausdrückliche Zitation hier aufführe, weil die Abschnitte 5 und 6 (m)eine Kompilation und Paraphrase der hier aufgeführten Fahlbusch-Texte zusammen mit dem EKD-Text 37 sind:

▷ Was sagt die Kirche zur Mitbestimmung? Referat auf der Betriebsrätetagung der Ev. Akademie Loccum am 29.10.1968 (ms. Kopie des Vortragskonzeptes);

▷ Die Humanisierung der Arbeitswelt (ms. Kopie des Vortragskonzeptes für eine Sendung des NDR im Jahr 1971, ohne weitere Angaben);

▷ Der Stellenwert der Arbeit im Leben der Menschen (ms. Kopie eines Vortragskonzeptes lediglich mit der Datierung „1973");

▷ Bete und arbeite (ms. Kopie des Vortragskonzeptes für vermutlich einen Kirchengemeindevortrag am 12.10.1979, ohne weitere Angaben);

▷ Hilfen in der Krise, in: bud 2/1983, S. 29-36;

▷ Arbeit – Dienst oder Religion?, in: bud 4/1983, S. 2-9;

▷ Die Notwendigkeit einer Fundamentalbildung im Zeitalter der Hochrationalisierung, in: bud 4/1984, S. 16-23;

▷ Überlegungen zur zukünftigen Gestalt einer Arbeitsethik, in: Wilhelm FAHLBUSCH/Hartmut PRZYBYLSKI/Wolfgang SCHRÖTER: Arbeit ist nicht alles. Versuche zu einer Ethik der Zukunft, Bochum 1987, S. 99-112;

▷ Referat ohne Titel vor der Wirtschaftskammer der Ev. Kirche in Oldenburg am 9.11.1989 im Lutherstift Falkenburg (zu Arbeit, Marktwirtschaft, Mitbestimmung);

oft wurde er von ganz unterschiedlichen kirchlichen und gesellschaftlichen Gruppen und Einrichtungen zu Vortrag und Gespräch eingeladen oder um schriftliche Beiträge gebeten. Er hat sich naturgemäß, nicht zuletzt vor dem Hintergrund seiner Herkunft aus einer Arbeiterfamilie, mit diesem Thema sowohl als Landessozialpfarrer als auch als Hochschullehrer und praktischer Diakoniker intensiv befasst. Ab Mitte der 1970er bis Ende der 1990er Jahre ging es dabei immer auch um die andere Seite der Medaille: um das bedrängende Thema »Arbeitslosigkeit«.[62] Niemals gewann er seine Einsichten bloß am Schreibtisch: Karin und Wilhelm Fahlbuschs 5 Kinder befanden sich in der Lebensphase der Berufswahl und der Stellensuche. Er war für kirchliche und diakonische Arbeitsloseninitiativen Impuls- und Ratgeber, zudem engagiert in der Arbeits- und Sozialberatungs-

---

▷ Orientierungsmöglichkeiten und Integrationsaufgaben im Spannungsfeld von Leben, Lernen und Arbeiten (Eingangsreferat I), in: Evangelische Bildungsarbeit. Standortbestimmung, Diskussion über Ziele – Dokumentation eines Forums der Ev. Kirche in Deutschland (EKD) in Zusammenarbeit mit der Deutschen Ev. Arbeitsgemeinschaft für Erwachsenenbildung e. V. (DEAE) im Kirchenamt der EKD in Hannover am 16./17.9.1992, epd-dokumentation Nr. 11/1993, S. 9-12.

Für den EKD-Text 37 haben wir zu Rate gezogen: EKD-KIRCHENAMT (Hrsg.): Die neuen Informations- und Kommunikationstechniken. Chancen, Gefahren, Aufgaben verantwortlicher Gestaltung, Gütersloh 1985; EKD-KIRCHENAMT (Hrsg.): Verantwortung für ein soziales Europa. Herausforderungen einer verantwortlichen sozialen Ordnung im Horizont des europäischen Einigungsprozesses, Gütersloh 1991. Nicht zuletzt die Studie der EKD-Kammer für soziale Ordnung: EKD-KIRCHENAMT (Hrsg.): Solidargemeinschaft von Arbeitenden und Arbeitslosen. Sozialethische Probleme der Arbeitslosigkeit, Gütersloh 1982. Zuletzt zu diesem Thema: EKD-KIRCHENAMT (Hrsg.): Solidarität und Selbstbestimmung im Wandel der Arbeitswelt, Gütersloh 2015.

[62] Das Thema Arbeitslosigkeit ist ihm so wichtig, dass er es neben der körperlichen, geistigen und seelischen Behinderung als zweites Beispiel für die soziale Verpflichtung auf persönlicher wie vor allem auf gesellschaftlicher Ebene darstellt – siehe Wilhelm FAHLBUSCH: Eigenverantwortung und soziale Verpflichtung als Elemente der sozialen Sicherung – aus der Sicht des Protestantismus, in: Michael GÜNTHER/Gabriele RITZKE/Eduard WÖRMANN (Hrsg.): Kirche – Wirtschaft, Vorträge im Studienkreis Kirche/Wirtschaft NRW (Düsseldorf), Gelsenkirchen 1978, S. 69-85.

Gesellschaft e. V. in Hannover. Mit dem Arbeitslosenzentrum des Industriepfarramtes Hannover bestanden enge Verbindungen.[63]

Wilhelm Fahlbuschs Prognose lautete: Die moderne technologische Entwicklung (Digitalisierung) zeitigt als tatsächliche Rationalisierungsgewinner eine kleine Schicht von vielleicht nur bis zu 20% der Arbeitsfähigen, eine breite Zwischenschicht von bis zu 50% der Arbeitsfähigen, die auf den ersten Blick vom Entstehen neuer Berufe und Tätigkeitsfelder und von einer Entlastung von körperlicher Arbeit profitieren, die aber, zu einer bisher unbekannten Flexibilität und Mobilität gezwungen,[64] in einem prekären Mittelstand und in volatilen Verhältnissen ihr Dasein zu bewältigen haben werden, und 30% von zu Rationalisierungsverlierern zu Unrecht degradierte Menschen, die möglicherweise auf Dauer nur durch sozialstaatliche Transferleistungen werden überleben können.

Gesteigert wird diese Problematik dadurch, dass Arbeit dann, obwohl der Fließband-Taylorismus der modernen industriellen Arbeitswelt einer erweiterten Gruppenarbeit mit verbesserter Kommunikation, Kooperation und Entscheidungsbefugnis gewichen ist, nicht um eines Mensch Selbst-

---

[63] Mit maßgeblicher Unterstützung von Wilhelm Fahlbusch fand 1987 eine Landessynodal-Tagung zum Themenkreis „Arbeit/Arbeitslosigkeit" statt. Zum protestantischen Arbeitsbegriff generell und konkret vgl. Günter BRAKELMANN: Zur Arbeit geboren, Bochum 1989; Ernst-Ulrich HUSTER: Arbeiten unter technologischen und ökonomischen Strukturveränderungen in der Automobilindustrie, in: Hinrich BUSS/Werner LÄWEN (Hrsg.): Kirche vor den Werkstoren – VW und evangelische Kirche in Wolfsburg, Hannover 1991, S. 89-136; Torsten MEIREIS: Tätigkeit und Erfüllung. Protestantische Ethik im Umbruch der Arbeitsgesellschaft, Tübingen 2008. In diesem Zusammenhang zu nennen ist die jüngste Stellungnahme der Ev. Kirche in Deutschland, die sich mit den Transformationsprozessen in der Arbeits- und Wirtschaftswelt (mit Ausblick auf die neuen Herausforderungen für die Diakonie durch die rasant fortschreitende Vermarktlichung des gesamten Sozialwesens) befasst: EKD-KIRCHENAMT (Hrsg.): Solidarität und Selbstbestimmung im Wandel der Arbeitswelt. Eine Denkschrift des Rates der Ev. Kirche in Deutschland zu Arbeit, Sozialpartnerschaften und Gewerkschaften, Gütersloh 2015.

[64] Z. B. wechselnde Anstellungsverhältnisse; Zeiten ohne oder mit nur geringerer Beschäftigung, d. h. auch Einkommen; wechselnde Arbeitsorte; neu zu erlernende Tätigkeiten jenseits der Erstausbildung.

wirksamkeit interessant, sondern nur hinsichtlich der monetären Einkommenssicherung bis ins hohe Alter. So zählt, wie auf den modernen Finanzmärkten, nur noch die Rendite. Immer weniger zählt, was ein Mensch leistet, immer mehr zählt, was er sich leisten kann. Alles andere ist austauschbar. Auch die Rationalisierungsgewinne beruhen auf Technikeinsatz statt auf dem Einsatz menschlicher Arbeit: Die Aktienwerte steigen, wenn Arbeitsplätze gestrichen werden.

Um die Rationalisierungsverlierer sorgt Wilhelm Fahlbusch sich am meisten, aus demokratie- und staatspolitischen Gründen wie aus einem theologischen bzw. Glaubensgrund: sie können ihre Gottesebenbildlichkeit, die weit mehr ist als ihr Tätigsein und ihre Wirksamkeit, an denen diese aber miterkannt wird und die eine wesentliche Form der Teilhabe am menschlichen Dasein in Freiheit und Verantwortung vor Gott ist, schwerlich realisieren und geraten unverdient an den Rand der Gesellschaft. Und Arbeit ohne Ruhe ist ebenso unerträglich wie Ruhe ohne Arbeit! Schon an dieser Stelle wird deutlich, wie verschränkt Arbeit, Teilhabe und Humanisierung der Arbeitsbedingungen miteinander sind, wie das Recht auf Arbeit und die Rechte aus Arbeit sich bedingen und bestimmen!

Das Recht auf Arbeit versteht sich theologisch und christentumsgeschichtlich im Grunde von selbst. Denn wenn Arbeit zwar nicht der eigentliche und einzige schöpferische Grund des materiellen, kulturellen und sozialen Lebens, jedoch das schöpferische Element der menschlichen Existenz als »Gottes Ebenbild« ist und die «Rechtfertigung allein aus Gnaden« den Menschen seine »Gottesebenbildlichkeit« auf dem Weg zu einer »verantwortlichen Sozialkultur« neu wahrnehmen lässt, muss jede Person wirksam werden, also arbeiten können. Also ist das Recht auf Arbeit der ihm gewährten Gabe und der ihn verpflichtenden Aufgabe inhärent! Nach biblischem Zeugnis ist der Mensch weder Arbeitssklave für die Götter noch ist das tätige, der Natur die Daseinsmittel abringende Leben geringer zu bewerten als die Theoria, die Schau, die Kontemplation, wie in der antiken griechischen Philosophie. In der biblischen Tradition sind das Ora! und das Labora! (Benedikt von Nursia) zwar unterschieden, doch keineswegs geschieden, vielmehr bilden sie ein verbundenes Gegenüber. Niemand lebt von der eigenen Unermüdlichkeit oder der Unermüdlichkeit der Maschinen! Darum ist die Arbeit ins Gebet zu nehmen. Ebenso hat im Gebet der Dank für das in der Arbeit Gelungene und die Bitte um Begradigung des schuld- oder schicksalhaft Verfehlten und die Vollendung des Fragmentarischen seinen Platz. Angesichts der ökologischen Krise ermutigt das »Oratorium« zur Neuorientierung im »Laboratorium«.

Diese anthropologische Grundgegebenheit hat Martin Luther freigelegt, indem er den »Beruf«, gegründet im Sakrament der Taufe und, ich ergänze Fahlbuschs Argumentation, erneuert im Sakrament des Abendmahls, als eine Weise des »Priestertums aller Glaubenden« aus der geistlichen Berufung ableitet. Damit erhielt – als eine der unbeabsichtigten Folgen der Reformation –[65] die Entwicklung der modernen Industriekultur eine gewaltige Schubkraft. Der Weg zur von Luther noch besonders kritisch betrachteten ökonomischen und zur mit ihr verbundenen technischen Rationalität, zur Instrumentalisierung und ab Ende des 18. Jh.s zur Industrialisierung war freier als je zuvor und wurde selbstmächtiger als erwartet.[66]

Die bis zur Übermacht sich steigernde Selbstmächtigkeit ungebremst funktionalen Zweckdenkens war, wie Fahlbusch herausarbeitete, zunächst kei-

---

[65] Zu den „unintended effects of the reformation" siehe Peter MARSHALL: Die Reformation in Europa, Ditzingen 2014.

[66] Er wurde gerade im orthodoxen Luthertum beschritten, sofern nach der 1. Reformation, der Reformation des Glaubens, die 2. Reformation, die Reformation der Praxis vornehmlich mit der Hilfe millinaristischer Utopien und eschatologischer Visionen in Angriff genommen werden sollte, z. B. bei Johann Arndt (1555-1621), Johann Valentin Andreae (1586-1564; „Christianopolis").

neswegs nur eine Folge menschlicher Bosheit oder sinnleerer ökonomischer Interessen, sondern hatte einen nachvollziehbaren Realgrund in der im Grundsatz immer schon vorhandenen Ressourcenknappheit. Aus wenig viel machen und damit die Ressourcen nicht nur ausbeuten, sondern auch schonend gebrauchen zu können, ist ja ebenfalls eine als Gottesgabe achtbare menschliche Fähigkeit, wie Umweltschäden, Artensterben und Klimawandel heute zeigen! Das Problem, so Fahlbusch nicht erst seit seinem Referat „Bete und arbeite" von 1979, ist die Totalität, mit der die Menschen in den Industrieregionen sich durch Ökonomie und Technik in eine allesbeherrschende Räson haben nehmen lassen: Wissenschaft, Wirtschaft, Technik als Ideologie (Jürgen Habermas)!

Indes, zum Geld und zu den Maschinen sollen wir Menschen ein rein instrumentelles, zweckbestimmtes Verhältnis haben! Doch im Verhältnis zwischen Menschen liegt genau darin das schlimmste Übel. Kein Mensch darf einem fremdnützigen Zweck unterworfen werden (Immanuel Kant). Doch im modernen Industrialismus stürzt die Allmacht unendlicher Produktivität den arbeitenden Menschen in Ohnmacht. Darum muss, das hat auch die Kirche kraft der zwar nicht allein, doch immer auch sozialen Botschaft des Evangeliums einzusehen, mit der Arbeiterbewegung eine emanzipatorische Gegenmacht aufgebaut werden. Das wiederum bedeutet: Obwohl im ständigen Kreislauf von Güterherstellung und -vermarktung die Arbeitsproduktivität zum eigentlichen Motor für den Lebensunterhalt und -erhalt, damit Arbeit zum Energiezentrum der modernen Industriegesellschaft geworden ist, werden dem Produktionsfaktor Arbeit keineswegs die gleichen Rechte und die gleiche Macht eingeräumt. Diese Asymmetrie widerspricht nicht nur dem christlichen Personalismus, dem Arbeit unverzichtbarer Ausdruck personalen Seins ist. Ein notwendiger Weg zu einer Balance, die dem Vorrang des Personalen vor allem Ökonomischen und

Technischen wenigstens ansatzweise entspricht, ist das Recht auf Arbeit. Der christliche Realismus weiß, dass durch Wirtschafts- und Beschäftigungspolitik diesem keine Ermäßigung zulassenden Recht dennoch nur annähernd entsprochen werden kann. Doch gerade dieses realistische Wissen darf keine Beruhigung, sondern muss ein umso kräftigerer Ansporn sein, ihm in einem Höchstmaß nahezukommen. Dass wir *allezeit Arme bei uns* haben (nach Matthäus 26,11), kann ja nur heißen, die Berufung zum Abbau von Armut, die den Verlust von Lebensteilhabe zur Folge hat, mit umso wirksameren Anstrengungen gegen dieses Unrecht wahrzunehmen. Aus derartigen Überlegungen bzw. Grundsätzen zieht Wilhelm Fahlbusch eine Reihe von Folgerungen im Sinne einer Verschränkung des Rechtes auf Arbeit und der Rechte aus Arbeit. Die wichtigsten lasse ich hier wenigstens anklingen, weil sie sein sozialethisches Denken und seine sozialpolitischen Positionen markant zum Ausdruck bringen:

1) Arbeit ist im Sinne der Bibel, zumal in protestantisch-lutherischer Tradition Inbegriff lebendiger Personalität, in ihr steht das Menschsein des und der Arbeitenden selbst im Fokus, sie ist mitbeteiligt am Aufbau der Wert- und Sinnstiftung im menschlichen Leben. Namentlich im Sinne des »Priestertums aller Getauften« gehört es zu den zentralen Pflichten für die Christenheit und die christliche Kirche, dafür zu sorgen, dass die Menschen, die arbeiten können, auch Arbeit haben (Recht auf Arbeit) und dass die Arbeitsverhältnisse im Blick auf die rechtlichen, finanziellen, ergonomischen, gesundheitlichen und ökologischen Bedingungen menschenwürdig sind. Das Sachgemäße und das Menschengerechte, so Arthur Rich,[67] sind so miteinander zu verbinden, dass die arbeitende Person ebenso von wie in ihrer Arbeit leben kann. Zur entsprechenden Qualität der Produktionsstätten gehört heute auch die umweltverträgliche Produktwahl, was wie herge-

[67] Siehe Arthur RICH: Wirtschaftsethik I+II, Gütersloh 1984+1992, Band I, Kap. 4, 7+8.

stellt werden soll, um die Permanenz natürlichen Lebens auf dieser Erde zu gewährleisten.

2) In seinem christlichen (gläubigen) Realismus erkennt Fahlbusch, wie es hier um eine genuin theologische Frage geht. Wenn Arbeit beherrschend ins Zentrum unseres gesellschaftlichen und individuellen Bewusstseins rückt und zur lebensbestimmenden Macht wird, steht sie immer in der Gefahr, zu einem den Menschen einer inhumanen Totalität unterwerfenden höchsten Gut zu werden,. Dann sind Arbeit und Wirtschaft Götzen. Mit Gogarten gesprochen: Dann schlägt daseinsfördernde »Säkularität« um in daseinsgefährdenden »Säkularismus«.

Mithin geht es um den Glauben - und schon deshalb gehen die Fragen der Wirtschafts- und Arbeitswelt die Kirche in eminenter Weise an.[68] Und allemal berührt in Arbeitslosigkeit begründeter Teilhabeausschluss den Auftrag der Kirche, dem Namen Gott ein Gesicht, in der Verborgenheit eine Anschaulichkeit zu geben in auf gerechte Teilhabe zielender Zugewandtheit und Barmherzigkeit, die notwendig zu struktureller Gerechtigkeit werden muss. Das wäre gleichsam »Liebe in Strukturen«. Der Blick für die Not des Nächsten ist der Beginn aller Kultur, wie es in EKD-Schriften seit Mitte der 1990er Jahren heißt. Und auch das ist eine eminent theologische Frage: Wenn keine Balance zwischen Humanität und Effektivität mehr erkennbar ist, gehen Lebensvertrauen und Daseinsorientierung in beide Richtungen zu Bruch. Folglich muss Arbeit, statt Religion und Dämonie zu werden, Dienst sein (können). Ausschließlich Dienstcharakter zu haben oder wieder anzunehmen, gilt auch für Wirtschaft und Technik.

---

[68] Gerhard Uhlhorn hat vor etwa 150 Jahren gefordert, die Ortspastoren sollten sowohl den Fabrikbesitzern in aller Schärfe ins Gewissen reden als auch zum Abbau unsozialer Verhältnisse persönlich einschreiten, um den Verfall christlicher Sittlichkeit zu verhindern. Vgl. das Uhlhorn-Zitat in Martin CORDES (Hrsg.): „...nur ein Pflästerchen?" (o. S.; Auszug aus Uhlhorns Leipziger Vortrag 1870 über „Die Sonntagsfrage und ihre sociale Bedeutung")

3) In seinem christlichen Realismus sieht Wilhelm Fahlbusch ungeschminkt, wie sehr inhumane Arbeitsbedingungen – wie übergroße Körperbelastungen und gesundheitsschädliche Tätigkeiten (z. B. im Bergbau und an Hochöfen), mangelnde Freizeit und Gefangensein in unnötigen Betriebshierarchien – die arbeitenden Menschen daran hindern können, ihre gottesebenbildliche Geschöpflichkeit dankbar anzunehmen und ihrer Personalität gewahr zu werden. Unzumutbare Werks-, Wohn- und Verkehrsbedingungen können in stärkstem Maß daran hindern, im eigenen Leben Gottes Zuspruch und Anspruch zu vernehmen und sich im tätigen Leben in der Nachfolge Jesu Christi zu wissen.

Fahlbusch beschreibt klar und anerkennend die den ersten Reformern noch unvorstellbaren Fortschritte, die inzwischen gemacht worden sind, übrigens auch durch Strategien und Methoden der Digitalisierung. Doch ist der Weg zur Humanisierung der Arbeitswelt noch keineswegs am Ziel. Wie auch immer die Reise verlaufen wird, die Strategen der Digitalisierung müssen – auch im Jahr 2020 – erst noch unter Beweis stellen, ob sie dauerhaft Arbeitsplätze schaffen und zur Humanisierung der Arbeitswelt beitragen oder die Prekarisierung der Mittelschicht beschleunigen. Dass neue Informationstechnologien die informationelle Selbstbestimmung schwer beeinträchtigen können, radikalisiert die Frage, wem es nützt: „Cui bono?"

4) Auch das war aus seinem christlichem Realismus heraus Wilhelm Fahlbuschs Frage im Blick auf alle Leistungsgehinderten und Leistungsgeminderten: Wie kann verhindert werden, dass die Menschen an die Arbeitswelt angepasst werden, statt, wie es im Sinne christlicher Ethik wäre, umgekehrt die Arbeitswelt an die Menschen?! Hier wiederum könnten digitali-

sierte Assistenzsysteme, sofern sie leicht handhabbar sind, erleichternd und ermöglichend eingesetzt werden.[69]

5) Jede, was keineswegs dasselbe ist, »Humanisierung« und »Digitalisierung« bedarf der »Mitbestimmung«.[70] Wilhelm Fahlbusch erinnert schon 1968 an die Position des EKD-Rates aus dem Jahr 1950: *Es ist der Sinn des Mitbestimmungsrechtes, dass bloße Lohnarbeitsverhältnis zu überwinden und den Arbeiter als Menschen und Mitarbeiter ernst zu nehmen.* Es ist wieder der realistische christliche Personalismus, der den Arbeiter in seinem Menschsein gerade im betrieblichen Arbeitsprozess in den Mittelpunkt stellt. Wer die Frage der »Mitbestimmung« in einen sozial- und kulturgeschichtlichen Zusammenhang einordnet, entkommt einer bloßen Produzentenideologie und erkennt, zumal zur politisch brisanten und dramatischen Osterzeit 1968, dass die »Mitbestimmung« in der Arbeitswelt Teil einer Kulturwende hin zu wachsender Partizipation an politischen Entscheidungen ist.[71] Die wichtigsten Vertreter einer kirchlichen Gesell-

---

[69] Die Debatte um Chancen und Gefahren der Digitalisierung wird in den Kirchen schon seit den 1980er Jahren geführt. Hier sei exemplarisch hingewiesen auf Ralph CHARBONNIER: Digitalisierung als Thema für Kirche und Theologie - Sondierungen aus hermeneutischer und theologisch-ethischer Sicht, in: epd-dokumentation Nr. 5/2017, S. 8-17 (siehe dort das Lit.-Verz.).

[70] Vgl. Traugott JÄHNICHEN: Vom Industrieuntertan zum Industriebürger. Der soziale Protestantismus und die Entwicklung der Mitbestimmung (1848-1955), Bochum 1993. Die Idee der Mitbestimmung wird i. d. R. zurückgeführt auf das in Erstausgabe 1928 erschienene Buch von Fritz NAPHTALI: Wirtschaftsdemokratie. Ihr Wesen, Weg und Ziel, Stuttgart 1966. Indes finden sich derartige Gedanken einer Demokratisierung der Wirtschaft seit 1890 in den Verhandlungen des Ev.-Soz. Kongresses sowie in Verbindung mit Fragen der Humanisierung der Arbeitswelt in der aus meiner Sicht ersten protestantischen Wirtschaftsethik von Gottfried TRAUB: Ethik und Kapitalismus. Grundzüge einer Sozialethik, Heilbronn 1909. Siehe Herbert KOCH: Die Mitbestimmungsidee in der evangelisch-sozialen Tradition, ZEE Heft 2/1976 (20. Jg.), S. 114-123. Zum heiklen Thema „Mitbestimmung in Kirche und Diakonie" vgl. Traugott JÄHNICHEN/Torsten MEIREIS/Johannes REHM/Sigrid REIHS/Hans-Richard REUTER/Gerhard WEGNER (Hrsg.): DRITTER WEG? Arbeitsbeziehungen in Kirche und Diakonie, Jahrbuch Sozialer Protestantismus 8, Gütersloh 2015.

[71] Vgl. SPD-Kanzler Willy Brandt im September 1968 in seiner ersten Regierungserklärung mit der Parole: „Mehr Demokratie wagen."

schaftsdiakonie (z. B. Heinz-Dietrich Wendland, Arthur Rich, Günter Brakelmann) vertraten die Auffassung und haben die harthörigen, ideologisch an der Dominanz der Kapitalseite stur und steif festhaltenden Unternehmerverbände gemahnt, dass das Integrationsmodell »Soziale Marktwirtschaft« zum Schaden von Gesellschaft und Rechtsstaat ihre friedensstiftende Funktion verliert, wenn nicht unverzüglich der nächste Schritt einer Demokratisierung der Gesellschaft in Form der Demokratisierung der Arbeits- und Wirtschaftswelt juristisch und praktisch vollzogen wird.[72] Im Jahr 1952 wurde das Betriebsverfassungsgesetz etabliert, das 1974 auf eine qualifizierte Mitbestimmung hin nachjustiert wurde. Dann aber, da war sich Wilhelm Fahlbusch mit Theodor Lohmann einig, fing aus seiner Sicht die eigentliche Aufgabe erst an.

Fahlbusch nennt viele Gründe, die ihn für eine qualifizierte Mitbestimmung eintreten, ja kämpfen lassen. Sein Hauptgrund ist, dass Eigentum, wirtschaftliche und politische Macht, Privilegien im Sinne christlicher Ethik keine Instrumente der Selbstbehauptung und Selbstdurchsetzung sind, sondern, immer wieder sagt er es, niemals mehr als Schutz- und Dienstfunktion haben dürfen, sodass aus ihnen ein Gebot des Teilhabenlassens folgt, der aktiven Ermöglichung von Partizipation am Leben des Anderen, hier des Mächtigeren und Einflussreicheren. Das gilt gleicherweise für die über den eigenen bzw. familiären Bedarf hinausgehende Verfügungsgewalt über das Eigentum an Produktionsmitteln – ein Privileg, das nach evangelischem Verständnis weder biblisch noch naturrechtlich noch anderswie weltanschaulich begründet werden kann. Aufschlussreich ist noch eine an-

[72] Was die genannte EKD-Rats-Erklärung vorsichtig ausdrückt, ist keineswegs undeutlich und seit etwa 75 Jahren der auf Mitbeteiligung der Arbeiter verkürzte Grundgedanke des orthodox-lutherischen und überaus konservativen Sozialreformers Theodor Lohmann (*in Winsen/Aller 1831 †1905 in Tabarz/Thüringen), der für Bismarck, oft im Streit mit ihm, die viel gerühmte Sozialgesetzgebung zu Stand und Wesen gebracht hat.

dere Argumentationsfigur, die Fahlbusch zum Thema »Mitbestimmung« ins Spiel bringt: den Gedanken der Unverfügbarkeit des Menschen:[73] Weil jede Person in ihrer »Gottesebenbildlichkeit« und von ihrer voraussetzungslosen Annahme bei Gott durch Jesus den Christus her für andere Personen unverfügbar ist, *sind die Verfügungsrechte des Kapitals über den Faktor Arbeit erheblich beschränkt*, wo sie noch bestehen, sind sie in sozialhistorischer Perspektive ein Relikt, über das die Zeit hinweggeschritten ist. Dafür hat sich Kirche, will sie nicht aus ihrer eigenen Geschichte *desertieren*, auf einem evolutionären, keinem revolutionären Weg einzusetzen. Umso energischer wird sie dafür eintreten, dass der Mensch die fremde Verfügungsmacht „Kapital" nur in Balance mit der Gegenmacht „Arbeit" über sich zu dulden braucht. So wird sie sich immer für einen Ausgleich zwischen Kapital und Arbeit als reformorientierte, d. h. zu einer mehr Mitbestimmung und mehr Abbau menschenfremder Verfügungsrechte tendierenden Mindestlösung stark machen.

Mit einer Ausweitung technischer Fertigkeiten und einer viel qualifizierteren Bildung und Ausbildung ist es sowohl möglich als auch nötig, vordemokratische Entscheidungsweisen von demokratischen abzulösen. Die Arbeit, so Fahlbusch, hat ihren *Rohzustand* überwunden, ist zu einer qualifizierten Größe geworden und behauptet ihr Recht, zumal in der Arbeiter-, die zugleich eine Bildungsbewegung ist. Fahlbusch stimmt Oswald von Nell-Breuning (1890-1991) zu: Der besser ausgebildete und mündiger ge-

[73] Siehe Wilhelm FAHLBUSCH: Thesen zum Thema „Der unverfügbare Mensch" (im Jahr 1968 auf einer Tagung der Ev. Akademie Loccum, zu der ich nichts Näheres herausfinden konnte, die 10 Thesen liegen mir in vergilbter maschinenschriftlicher Fassung ohne weitere Angaben vor); Zitate aus These 9+10. Ebenso zur Beurteilung der Arbeitslosigkeit wird die jedem Menschen eignende Unverfügbarkeit, die es verbiete, arbeitende Menschen zur betriebswirtschaftlichen Verfügungs- und Verschiebungsmasse zu machen, zur Geltung gebracht in Wilhelm FAHLBUSCH: Die unverfügbaren Arbeiter, Luth. Monatshefte [Ausgabe vermutlich nach 1980; im Nachlass befindet sich nur eine undatierte, aber mit „LM" und Seitenangabe versehene Fotokopie], S. 324-326.

wordene Arbeiter ist zum Mitarbeiter geworden, der die bisherige Abhängigkeit und das Gefangensein in hierarchischen Befehlsstrukturen weder weiter hinzunehmen bereit ist noch diese weiter hinnehmen sollte. Zumal diese mündigen Bürgerinnen und Bürger das demokratische „Potential" darstellen, das gesellschafts- und staatspolitisch im Sinne des GG benötigt wird. Das alles und noch mehr spricht eindeutig für die paritätische Mitbestimmung. Mehr noch: Es spricht dem christlichen Personalismus zufolge, der dem Produktionsfaktor Arbeit, diesem Inbegriff von Personalität, ein Prae vor dem Kapital zusprechen muss, weil es zum Kapital, recht verstanden, nur Mittel-Zweck-Beziehungen geben kann, auf die das Verhältnis zu den arbeitenden Menschen in keinem Fall reduziert werden darf, für ein Mitbestimmungsrecht, das dem Vorrang der Arbeit gerecht wird. Theologisch und prinzipiell gesprochen, sind die Teilhaberechte kraft des »Priestertums aller Getauften« eben unteilbar, unveräußerlich und nicht zu vermindern. Dazu formuliert – in vermittelnder, doch von der Wortwahl her der Kapitalseite mittelbar einen unvertretbaren und unnötigen Vorrang zubilligender Weise – die EKD-Kammer für soziale Ordnung in ihrer Mitbestimmungs-Studie von 1968 (Pkt. 14, S. 48):

Eigentum an Produktionsmitteln stellt . . . nur zusammen mit menschlicher Arbeitskraft einen Wert dar. Der Begriff des Eigentums schließt nicht das Recht zur Herrschaft über Menschen ein. Wo die Rechte der Kapitaleigner und der Arbeitnehmer aufeinander angewiesen sind, stehen beiden Seiten Mitbestimmungsrechte zu. Ein Wirtschaftsunternehmen wird von den Arbeitnehmern nicht weniger mitgetragen als von den Kapitaleignern. Es stellt daher keine Minderung der den Kapitaleignern zustehenden Rechte dar, wenn die Arbeitnehmer an den für sie wichtigen Entscheidungen des Unternehmens durch ihre Vertreter mitbeteiligt sein wollen. Es sollte daher eine Ordnung gefunden werden, in der weder über das Eigentum der Kapitaleig-

ner gegen deren Willen zu ihrem Schaden verfügt, noch die Interessen der Arbeitnehmer bei den Entscheidungen übergangen werden können. Beide aber müssen zusammen willig und fähig gemacht werden, miteinander für die Befriedigung der in der Gesellschaft vorhandenen Bedürfnisse zu wirken.

Wilhelm Fahlbusch hat sich in unzähligen kontroversen Gesprächen nachdrücklich eingesetzt für eine strikt paritätische Mitbestimmung und die EKD-Mitbestimmungsstudie, in Rang und Wertigkeit etwas unterhalb einer EKD-Denkschrift, dementsprechend zuspitzend interpretiert. Gleichwohl habe ich in seinem Nachlass über die genannten hinaus keine schriftlich ausgearbeiteten Stellungnahmen zur »Mitbestimmung« gefunden. So meinungsfreudig Wilhelm Fahlbusch sonst war, hier hat er sich in einer komplexen und emotional hochexplosiven Frage zwar kein Hintertürchen offengelassen, aber doch geahnt und anerkannt, dass die Debatte, wie auch immer sie ausginge, mit einem Kompromiss enden würde – einem Kompromiss, dem weitere Beratungen und politische Entscheidungen zu einer wirklich paritätischen Mitbestimmung auf Basis mindestens der Ebenbürtigkeit von Arbeitnehmer- und Arbeitgeberseite folgen müssten. Dafür, erst recht für die praktische Realisierung eines Prae der Arbeit gegenüber dem Kapital war die Zeit aber wohl noch nicht reif. Hier bedurfte es nicht nur weiterer Diskussionen, sondern einer noch tieferen demokratischen Bildung und Gesinnung auf allen Seiten. So waren seine mündlichen Einlassungen pointierte Debattenbeiträge, die langfristig auf ein neues Unternehmensrecht angelegt und ausgerichtet waren.

Darin stand Wilhelm Fahlbusch, der diesem oft in der Ev. Sozialakademie Friedewald begegnete, Günter Brakelmann nahe. Dieser hat die neuen Mitbestimmungsregeln mitsamt den Klagepunkten und -gründen der Arbeitgeber, die den absurden Vorwurf der Demokratiebeseitigung infolge des neuen Mitbestimmungsrechts von 1974 erhoben, sowie das Urteil des

Bundesverfassungsgerichts vom 1979 genau nachgezeichnet. Das BVerfG hat, kurz gesagt, die Übereinstimmung des neuen Mitbestimmungsrechts mit dem Grundgesetz festgestellt und die Arbeitgeberklage zurückgewiesen. Gleichzeitig hat es aber betont, dass die weiteren Gesetzesregelungen, die unterhalb der vollen Parität liegen (bei Patt doppeltes Stimmrecht der Anteilseignerseite, Arbeitnehmerbank mit Ltd. Angestellten u. a. m.), ebenfalls verfassungskonform sind. Damit hat, wenngleich in einer differenzierten Weise, das BVerfG der Kapitalseite den Vorrang eingeräumt. Doch dann ist auch klar, dass den Grundsätzen der christlichen Sozialethik nur annäherungsweise entsprochen ist. Wilhelm Fahlbusch war mit Günter Brakelmann einig: *Solange man das Mitbestimmungsproblem vorrangig als Problem weitergehender Einschränkung von Eigentümerrechten versteht, kann es keine paritätische Mitbestimmung geben.*[74] Denn die setzt voraus, dass mindestens die unbezweifelte Ebenbürtigkeit von Arbeit und Kapital anerkannt und rechtlich umgesetzt wird! Die Diskussion um die »Mitbestimmung« ist also für diese beiden Sozialethiker keineswegs beendet. Vielmehr hat die Kirche starke Gründe, um der Weiterentwicklung der Wirtschaftsdemokratie in der Sozialen Marktwirtschaft und also der Stärkung der realen Demokratie willen, sich für eine Wiederaufnahme des Ringens und des Streits um die »Mitbestimmung« einzusetzen.

Im November 1971 hat Wilhelm Fahlbusch eine Tagung zur „Novellierung des Betriebsverfassungsgesetzes" in der Ev. Akademie Loccum geleitet.[75] Aus dem sozialethischen Hauptreferat von Hans Storck sei hier nur ein Gedanke etwas verkürzt wiedergegeben: *Das Christentum hat die Aufwertung des Arbeiters betont und den Lohngedanken auf ein neues Fundament ge-*

---

[74] Günter BRAKELMANN: Mitbestimmung am Ende?, S. 312-321, bes. S. 320.

[75] Siehe LOCCUMER PROTOKOLLE 9/1971, darin auch das von dem Kasseler Sozialpfarrer Hans Storck gehaltene sozialethische Hauptreferat. Obiges Zitat: S. 71.

stellt. Lohn soll . . . Teilhabe sein. Martin Luther, Johannes Calvin und die reformierten Väter haben das Arbeiten . . . als Gottesdienst beschrieben. . . . Im Arbeiten vollzieht sich die Menschwerdung des Menschen meist unmittelbarer als im Zur-Verfügungstellen von Eigentum. Was einer arbeitet, betrifft ihn in seiner menschlichen Existenz und Bestimmung in der Regel stärker als das, wofür er Teile seines Eigentums einsetzt. Wilhelm Fahlbusch wird dieser Aussage kaum widersprochen haben, doch sicher hat er dazu angemerkt, die *Menschwerdung des Menschen* (Hans Storck) beginne im Hören auf das Wort Gottes, der wahren Quelle des Lebensvertrauen schaffenden Glaubens an die »Gottesebenbildlichkeit« und die »Rechtfertigung aus Gnaden« vor, in und nach aller Arbeitsleistung; Arbeit dürfe niemals zum zentralen Sinngenerator werden.

Ein gutes halbes Jahr später, im Juni 1972, veranstaltet Wilhelm Fahlbusch eine Loccumer Akademie-Tagung zum Thema: „Selbst- und Mitbestimmungsrechte Ausländischer Arbeitnehmer in der Bundesrepublik".[76] Das schmale Loccumer Protokoll, in dem gelegentlich etwas verworrene Diskussionen notiert sind, deutet auf eine Fülle schwer beantwortbarer Fragen hin. Jedenfalls gibt es weder Stimmigkeit noch Übereinstimmung hinsichtlich dieser Leitfrage: Wie können in Deutschland lebende und arbeitende Menschen vornehmlich aus dem südlichen (jetzt statt EWG so genannten) EU-Bereich – unbeschadet ihrer bisherigen oder deutschen Staatsangehörigkeit – als Bürgerinnen und Bürger im vollen Sinn des Wortes Mitwirkungs- und Mitbestimmungsrechte in allen gesellschaftlichen Bereichen, im Betrieb wie im Quartier bzw. Stadtteil und darüber hinaus im Gemeinwesen überhaupt, erhalten und wirksam ausüben? Doch diese Tagung ist ein Auftakt, der über die Lage in Wolfsburg und den Lösungsansätzen im Industriepfarramt „Arche" hinaus die Herausforderungen be-

[76] Siehe Loccumer Protokolle o. Nr./1972.

wusst macht. Auch hier geht es um mitbestimmende Teilhabe, die ihren Namen verdient. Und seitdem ist die Frage und Lage der Migrantinnen und Migranten für Wilhelm Fahlbusch ein wichtiges und durchgängiges Thema. Immer wieder hat er auf den anstehenden, unaufhaltsamen Kulturwandel durch die Europäisierung und Globalisierung hingewiesen. Wilhelm Fahlbusch hat erkannt, dass Migration mit der Geschichte der Christenheit eng verbunden ist. Er hat in der Migration eine spirituelle und sozialpolitische Herausforderung für eine verantwortliche Sozialkultur ernstgenommen.[77]

[6] Digitalisierung und Bildung

Wer christlichem bzw. gläubigem Realismus folgt, ist ein visionärer Pragmatiker. Das trifft auf Wilhelm Fahlbusch zu. Seine *Überlegungen zur zukünftigen Gestalt einer Arbeitsethik* verfasst er als Realutopist. Der müsse ein Ethiker sein, weil er über den Tag hinaus reichende Ideen mit konkreten Entwicklungsmöglichkeiten zu verbinden habe, gleichsam einen 7. Sinn für nur umrisshaft wahrnehmbare, aber doch real vorhandene Potentiale. Insbesondere der Sozialethiker braucht, davon ist Fahlbusch überzeugt, einen mit Realitätssinn austarierten Möglichkeitssinn!

Wilhelm Fahlbusch erkennt ein tiefes Verschränktsein von Arbeit und Bildung. Die Arbeit ist ein Mandat Gottes und ein Schlüssel zur Wirklichkeit. Doch wo ihre lebensbestimmende Macht schwindet, wächst die Bedeutung von Bildung. Dieses Verschränktsein besteht im unmittelbaren Blick auf

---

[77] So haben W. Fahlbusch und ich auf manchen gemeinsamen Zugfahrten über die schon von Paul Tillich (1886-1965) in seinem letzten Vortrag geforderte »Theologie der Religionen« gesprochen. Siehe Paul TILLICH: Die Bedeutung der Religionsgeschichte für den systematischen Theologen (posthum 1966), Wiederabdruck in Manfred BAUMOTTE (Hrsg.): Tillich-Auswahl, Bd. 2: Die Zweideutigkeiten des Lebens, Gütersloh 1980, S. 288-300. – Zur Lage nicht-deutschsprachiger Kirchengemeinden mit vor allem Wurzeln in Afrika und Asien siehe Frieder LUDWIG: Gemeinden anderer Sprache und Herkunft, in: Woldemar FLAKE (Red.): Ökumenische Akzente 2017, hrsg. v. Haus kirchlicher Dienste der Ev.-luth. Landeskirche Hannovers, Hannover 2017, S. 21-26.

Arbeit in mehrperspektivischer Hinsicht. Zunächst benötigt, wer gute Arbeit leisten will, eine qualifizierte Ausbildung. Doch über die rein berufsbezogene Ausbildung, die technische Fertigkeiten vermittelt, hinaus bedarf es eines Verstehens des gesellschaftlichen Zusammenhangs, in dem die jeweilige Arbeit steht. Dazu gehören grundlegende Wirtschaftskenntnisse und heute insbesondere alle umweltschutzbezogenen Fragen. Schon Ralf Dahrendorf hat sowohl von den unerlässlichen „funktionalen Qualifikationen" als auch von den ebenso unerlässlichen „extra-funktionalen Qualifikationen" gesprochen. Letztere sind aus mehreren Gründen so bedeutend: Erstens sind höhere Ansprüche an die Kommunikationsfähigkeit gestellt, weil heute dank der Digitalisierung in flacheren Hierarchien und mehr in teilselbstständigen Gruppen gearbeitet werden kann. Zweitens rücken in Anbetracht von vernetzteren Großteams, die für Neuentwicklungen nötig sind, und von risikohafteren Großentwicklungen die „Handlungssubjekte" und die „Verantwortungssubjekte" sehr viel weiter auseinander („Verantwortungsdiffusion").[78] Drittens bedarf es einer gefestigteren Sinngrundlage aus anderen Quellen, weil Arbeit, Wirtschaft und Technik mehr als Dienstbarkeit zugemessen wird und sie zu lebensbestimmenden Mächten hybridisiert werden, sei es nach dem Motto „Arbeit ist alles", sei es nach dem Motto „Ohne Arbeit ist alles nichts". Viertens kann die Delegation von bisher vom Menschen erbrachter Leistung, die zum Selbstwertgefühl und zum Urteil über den Lebenssinn erheblich beigetragen hat, an digitale, sich selbst kontrollierende und optimierende Systeme der Disposition, Konstruktion, Produktion und Logistik zum Verlust des Selbstwert fördernden

---

[78] Zur sich weiter differenzierenden Verantwortungsdimension seien hier nur einige Schriften beispielhaft aufgeführt: Weyma LÜBBE (Hrsg.): Kausalität und Zurechnung, Berlin/New York 1994; DIES.: Verantwortung in komplexen kulturellen Prozessen, Freiburg/München 1998; Ludger HEIDBRINK: Kritik der Verantwortung. Zu den Grenzen verantwortlichen Handelns in komplexen Kontexten, Weilerswist 2003.

Gefühls der Selbstwirksamkeit führen. Licht und Schatten der Digitalisierung sind nur schwer zu unterscheiden, von den bis ins Intime reichenden Überwachungssystemen und Verleumdungsmöglichkeiten ganz zu schweigen. Und es ist leicht zu erkennen, dass alle diese Fragen auch eine religiöse Konnotation besitzen. Wie auch immer Selbstwertgefühle sich übersteigern oder vor allem durch mangelnde Selbstwirksamkeit verloren gehen, diese Überdehnungen oder Unterforderungen des Menschlichen werden nur aufgefangen durch Qualifikationen deutlich jenseits der erkennbaren Möglichkeiten der Informationstechnik.[79]

Keine Frage: Neue Technologien in Form der Digitalisierung brechen das Leistungsmonopol des Menschen! Während sie zur physischen Entlastung und zur Erweiterung der Möglichkeitsräume beitragen können, verlangen sie eine wachsende psychische Anpassungs- und Integrationsleistung. Damit tritt wieder auseinander, was in der Evolutionsgeschichte in gegenseitiger Verschränkung einander beförderte: die Arbeit von Hand und Wort, Leib und Geist.[80] Indes, in alledem vermag Wilhelm Fahlbusch keinen Kulturverfall zu erkennen, sondern eine *qualitative Wende in der Diskussion um die Arbeit . . ., dass sie uns in diese Dimension des Nachdenkens über die menschliche Existenz wieder zurückführt. Sie kommt aus der Erfahrung der Krise der Arbeit . . .*[81] Diese Krise der Arbeit kann dazu beitragen, dass Arbeit von gleichsam zu hohen, unerfüllbaren ideellen Ansprüchen entlastet wird und jede Person ihr Selbstwertgefühl aus einer anderen Quelle als ihrer eigenen doch immer nur begrenzten Fähigkeit, Einsatzbereitschaft und

---

[79] Siehe Klaus HAEFNER: Die neue Bildungskrise. Lernen im Computer-Zeitalter, Reinbek 1985. Aktuell das APuZ-Heft 27+28/2019 (69. Jg.): Bildung und Digitalisierung.

[80] Vgl. André LEROI-GOURHAN: Hand und Wort. Die Evolution von Sprache, Technik und Kunst, Frankfurt/M. 1987.

[81] So Wilhelm FAHLBUSCH: Überlegungen..., S. 106-112 (dort die kursiv geschriebenen Zitate). In diese Passage fließen auch Fahlbuschs Überlegungen zu einer Fundamentalbildung statt einer wegen der Überfülle der Sachinformationen heute unleistbaren Allgemeinbildung ein.

Leistungswillen, die ja auch „kaputt machen" können, beziehen muss, dass also die Energie für die Sorge um sich selbst auf die Sorge um *das Leben der Nächsten, auf die Gestaltung der politischen Ordnung, der Gesellschaft und der Wirtschaft* übergehen und das Lebensvertrauen sich aus der »Rechtfertigung allein aus Gnaden« speisen kann. Arbeit bleibt dann *schöpferisches Element* der menschlichen Existenz, ist aber nicht mehr der ausschließliche *schöpferische Grund* materiellen, kulturellen und sozialen Lebens. *Der Gesamtlebenszusammenhang, das Gelingen, die Erfüllung der Existenz in der menschlichen Begegnung, das Verstehen und Begreifen des Lebens durch Bildung im Sinne des sozialen Lernens haben Vorrang in der Bewertung vor dem Erfolg in der Arbeit und der gesellschaftlichen Positionszuweisung durch den Arbeitserfolg.*

Eine derartige neue, die Bildungsdimension intensiver als bisher beachtende Arbeitsethik kann, wenn sie den unmittelbaren Anspruch der Arbeit auf das Leben bricht und das Lebens- und Liebenswerte des Daseins aus der liebenden Annahme noch des Unannehmbaren statt aus den Mühen und Lasten der Selbstbehauptung ans Licht kommt, Verdinglichung, Vernutzung und Entfremdung *überwinden*. Arbeit ist dann wirklich *Dienst*, sie wird wieder Lebensmittel statt Lebensmitte, ein solidarisch geteiltes statt ökonomisch verwaltetes Gut, statt vorrangig Erwerbsarbeit nun schöpferische Betätigung der Person und zwischenmenschliche gemeinsame Tätigkeit. So wird auch die nicht-gewerbliche Tätigkeit in Familie, Erziehung und Pflege ihre Deklassierung los und der Erwerbsarbeit mindestens gleichgestellt.

Mit dieser real-utopischen Neujustierung will Wilhelm Fahlbusch Arbeit, Ausbildung und Berufstätigkeit *aus den Fesseln des bloßen Verwertungszusammenhangs* befreien. Bildung bekommt einen eigenen Wert, sie tritt als *fundamentale Bildung* an die Stelle von Arbeit als Mittel der Daseinsorganisation und Sinnvermittlung. *Die Emanzipation der Bildung von der Produktion bedeutet auch die Befreiung des Denkens aus dem Gefängnis der bloßen Verwertbarkeit.* Entkommt fortan das Denken der Eindimensionalität, in die es durch das Diktat der bloßen Zwecke und der Anwendbarkeit geraten ist und wie zwischen Mühlsteinen zerrieben wird, wird endlich das Humanum zur normativen Lebenskraft! Das bedeutet auch eine neue Freiheit für das ungezwungene Nachdenken, die Philosophie, die Kunst und die Religion! Dann werden sich auch die Formen der Technik und des so räuberischen Naturumgangs ändern! Diesen *Traum* dürfe, so schließt Wilhelm Fahlbusch, eine auf Zukunft hin ausgerichtete, eine zukunftsfähige Arbeitsethik keinesfalls *vergessen,* will *sie vor dem Denken der Vergangenheit und den Notwendigkeiten unserer Gegenwart bestehen.*

Der EKD-Text 37 zu den Folgen des Wandels der Arbeitsgesellschaft für die Bildung verdankt sich, wie oben ausgeführt, in den entscheidenden Aussagen der Mitwirkung von Wilhelm Fahlbusch. Der damaligen EKD-Kammer für Bildung und Erziehung (1985-1991) waren vier Einsichten bzw. Sachverhalte besonders wichtig, die hier verkürzend genannt werden: Zum Ersten kann aus schon genannten vielfältigen und unterschiedlichen Gründen das Selbstverständnis sich nicht mehr wie bisher allein im Leistungsverständnis begründen, sondern wird aus anderen Quellen als der unmittelbar ausgeübten Tätigkeit, ihrem Erfolg oder eben Misserfolg, kommen müssen. Zum Zweiten verschiebt sich der Einfluss der Erwerbsarbeit auf die tägliche Lebensgestaltung zur sog. Freizeit hin, wodurch sich die Arbeit und Freizeit zugeschriebenen Werte verändern. Zum Dritten verliert der Faktor Arbeit einen Teil seiner sinnstiftenden und lebensorganisierenden Funktion, wird aber umso mehr ein begehrtes Gut, wenn Arbeitslosigkeit mit ihren finanziellen und psychischen Folgen erfahren wird. Dass Arbeit Sinn stiftet, ist immer weniger eine plausible Aussage, gleicherweise leuchtet der Wert von Bildung umso weniger ein, je weniger sie eine verlässliche Qualifikation für einen Arbeitsplatz darstellt. Demzufolge wird mit dem Funktionsverlust von Arbeit auch Bildung immer weniger der Inbegriff schöpferischer Existenz sein. Das aber müsste Bildung, je weitergehender sie von Arbeit entkoppelt wird, umso mehr sein: Erfahrungsraum und Bewährungsfeld eines kreativen Lebens. Zum Vierten erzeugt der Einsatz neuer Technologien, das Aufkommen neuer Verantwortungsdimensionen, die Bewältigung der totalen Ökonomisierung der Lebenswelt und die Tatsache, dass eine Person mehr und mehr Meister ihrer selbst, Autorin ihrer eigenen Lebensgeschichte sein wird, einen steigenden Qualifikationsbedarf im Sinne einer Fundamentalbildung, die in intensivierter, weiter auszubauender Berufsbildung, die mehr und mehr Erwachsenenbildung und dabei Weiterbildung wird, den mit einer Wertehierarchie verbundenen Hiatus zwischen Sach- bzw. Fachorientierung und Lebens- bzw. Gesellschaftsorientierung überwindet. Der Erwerb berufs- und betriebsspezifischer Kompetenz darf gerade bei fortschreitender Digitalisierung nicht höher bewertet werden als der Erwerb humaner, sozialer und ökologischer Kompetenzen.[82]

Weil die aus diesen Überlegungen hervorgehenden „Leitlinien evangelischer Bildungsverantwortung“ im Sinne der Eigenverantwortung und der gesellschaftlichen Mitverantwortung der Kirche ihrem Mitautoren Wilhelm

---

[82] Im EKD-Text 37 werden diese Grundsätze an den Beispielen Berufliche Bildung, Weiter- und Erwachsenenbildung, Familienbildung (die alle Generationen berücksichtigt), Seniorenbildung (besonders auf Drängen von W. Fahlbusch) und last but not least Medienbildung dekliniert. Ähnlich der Gemeinsame Text 22 „Gemeinsame Verantwortung für eine gerechte Gesellschaft. Initiative des Rates der EKD und der (röm.-kath.) Deutschen Bischofskonferenz für eine erneuerte Wirtschafts- und Sozialordnung, Hannover/Bonn 2014, S. 49-52: „Bildung und Qualifizierung sind wesentliche Voraussetzungen für Beschäftigungschancen auf dem Arbeitsmarkt. . . . Bildung dient nicht nur der Vermittlung von Wissen und Fähigkeiten, sondern sie dient auch der Persönlichkeitsentfaltung und ist maßgeblich für gesellschaftliche Teilhabe.“

Fahlbusch so wichtig waren, zitiere ich hier die wichtigsten in z. T. eigenen Worten:

⋆ Das Bildungssystem, insbesondere die Berufliche Bildung und die Weiterbildung, muss in Akzeptanz der Gleichrangigkeit von beruflicher und akademischer Bildung ausgebaut werden.

⋆ Das Bildungssystem muss auf den Bereich Arbeit und Wirtschaft bezogen bleiben, ohne dass es den Gesetzen des größtmöglichen wirtschaftlichen Nutzens unterworfen wird.

⋆ Bildung ist als Integrationsprozess von praktischer und theoretischer Fachkunde und Orientierungswissen und im Sinne einer Sozialgeschichte menschlicher Kulturleistungen zu begreifen und anzulegen.

⋆ Bildung zielt wesentlich auf Lebensorientierung, sie hat deshalb in jeder Hinsicht eine philosophisch-religiöse Dimension jenseits aller Verwertungsinteressen und soll Selbstbewusstsein und Urteilskraft unabhängig von Leistbarkeit und Herstellbarkeit, umso mehr in ökumenischer und ökologischer Verantwortung entwickeln helfen.

⋆ Bildung zielt auf eine Humanität, die, auf Idealbilder verzichtend, die Fehlsamkeit und Begrenztheit des Menschen achtet, den Leistungsgeminderten Zugang zur Erwerbsarbeit ermöglicht und allen ein Höchstmaß an Mitbestimmungs- und Teilhabebereitschaft und -fähigkeit verschafft, weshalb alle, die die technologische Entwicklung beeinflussen oder steuern so gebildet sein müssen, dass sie Humanität mit Technik und Ökonomie besser als bisher miteinander verbinden sowie Geisteswissenschaften einerseits und Natur- und Technikwissenschaften andererseits in einer neuen Kulturwissenschaft miteinander verschränken können.

⋆ Bildung ist ein lebensbegleitender und selbstreflexiver Erfahrungs- und Entwicklungsprozess, auf dessen Weg Selbstständigkeit und Eigenverantwortlichkeit zusammen mit der Bereitschaft zu demokratisch-politischer

Beteiligung eingeübt werden und alle Bildungshilfen als Hilfen zur Selbstbildung mit dem Ziel der Persönlichkeitsentfaltung zu gestalten sind, wobei das besondere Augenmerk auf die Förderung derjenigen zu richten ist, denen Bildung von ihrer Herkunft und ihren sozialen Verhältnissen her bisher fremd geblieben ist.

★ Bildung zum Glauben ist manipulativ und regulativ, dagegen Bildung aus Glauben nötiger denn je, denn sie eröffnet Wege der Freiheit und der Teilhabe. Das Ziel religiöser Bildung muss sein, die in der Taufe geschenkte Selbstständigkeit und kritische Urteilskraft wahrnehmen zu können und auf diesem Weg sprachfähig im Glauben und verantwortungsfähig im Leben zu sein sowie darin immer mehr zu wachsen und zu reifen im Aushalten der Spannung, zugleich Gerechter und Sünder zu sein, *auf den hin, der das Haupt ist, Jesus Christus* (Epheser 4,15).

Auf der EKD-Tagung am 16./17.9.1992 „Evangelische Bildungsarbeit - Orientierung und Integration“ blickt Wilhelm Fahlbusch auf den EKD-Text 37 mit u. a. folgenden Worten zurück: *Ein Blick aber genügt, um deutlich zu erkennen, dass die Art der Bildung, die hier erforderlich ist, um nichts Geringeres als eine radikale Neuordnung unserer Welt- und Selbstbilder und, auf die Länge gesehen, der Welt und Gesellschaftsordnungen zu leisten, nicht länger mehr das Vorrecht und der Vorteil der sogenannten Gebildeten sein muss. Sie muss vielmehr allen . . . zugänglich sein als ein Medium vernünftiger Alltagsbewältigung, als Antriebskraft der Humanisierung unseres Lebens, unserer Gesellschaft und unserer Welt und als notwendiges Instrumentarium, um die Macht der Ökonomie und der Technik, die Welt der Sachen und Produkte in Grenzen zu halten und, wo notwendig, mit der Kraft des Geistes und der I-*

deen, aber auch der Utopien zu brechen. Das Schicksal der Demokratie ist in diesem Sinne an das Schicksal der Bildung gebunden.[83]

[7] Kirchenreform und Sozialreform

Von 1971 bis 1989 war Wilhelm Fahlbusch berufenes Mitglied der drei- bis viermal im Jahr für 2 bis 4 Tage zusammentretenden Landessynode der Ev.-luth. Landeskirche Hannovers, in der 18. und 19. Landessynode (1971 bis 1983) bekleidete er das Amt des Vizepräsidenten. Die Synodenakten weisen aus, dass er Mitglied in einer Reihe von Ausschüssen war: Geschäftsordnung, Neugliederung kirchlicher Arbeitsbereiche (besonders Amt für Gemeindedienst, jetzt: Haus kirchlicher Dienste), Arbeits- und Dienstrecht, Bildung. Von 1983 bis 1991 war er auch Mitglied der 4. und 5. Synode der Konföderation evangelischer Kirchen im Land Niedersachsen (Hannover, Braunschweig, Oldenburg, Schaumburg-Lippe, Nordwest-Reformiert), die seit 2015 aufgelöst ist. In der 4. Konföderationssynode (1983 bis 1987) übte er die Synoden-Präsidentschaft aus, von 1988 bis 1991 war er Vize-Präsident. Dass Wilhelm Fahlbusch in diese leitenden Synodalämter gewählt wurde, zeigt das hohe Vertrauen, das ihm über alle Meinungsverschiedenheiten hinweg entgegengebracht wurde.

Es wäre lohnend, seine vielen Synodenreden zu schwierigen Sachthemen gründlich zu analysieren. Synodenreden von Wilhelm Fahlbusch habe ich vor allem von 1983 bis 1990 gehört. Wilhelm Fahlbusch wusste nahezu alles anders zu sagen, nachdrücklicher, eindringlicher, tiefschürfender, zugleich fragender und über den Tag hinausblickender, die großen Linien

---

[83] So Wilhelm FAHLBUSCH: Orientierungsmöglichkeiten . . ., S. 9. – Obwohl es dem Vf. um eine grundsätzliche Verhältnisbestimmung geht, wird die Verschränkung der anthropologischen Dimensionen ›Handeln des Menschen (Arbeit/technische Artefakte)‹ und ›Bildung‹ sehr deutlich in: Ralph CHARBONNIER: Technik und Theologie. Ein theologischer Beitrag zum interdisziplinären Technikdiskurs unter besonderer Berücksichtigung der Theologie Friedrich Daniel Ernst Schleiermachers, Marburg 2003.

beachtend, sich niemals im Klein-Klein eines gruppenpolitischen Gerangels verheddernd, stets die Person mit gegenteiliger Position respektierend. Was er zu sagen hatte, besaß Substanz, weckte Interesse - und man konnte die berühmte Stecknadel auf einen weichen Boden fallen hören. So habe ich ihn erlebt in den Synodendebatten zur Apartheid in Südafrika und das umstrittene Anti-Rassismus-Sonder-Programm der EKD; zu Fragen von Umweltschutz und Kernkraftnutzung; für den gleichberechtigten Anteil von Frauen an Entscheidungen und Positionen in der Landeskirche, also für das landeskirchliche Frauen-Forum und das synodale Frauen-Hearing (1988/89); für den Dialog mit dem Judentum auf Augenhöhe, wie er seit 2013 in die Verfassung der hannoverschen Landeskirche aufgenommen ist; für eine kritische Analyse des Verhaltens der Landeskirche während der Nazi-Diktatur; für einen respektvollen Umgang mit Migrantinnen und Migranten, insbesondere fundiertere Kenntnisse über den Islam; für die volle kirchliche Anerkennung gleichgeschlechtlicher Partnerschaften bzw. Ehen; für die Notwendigkeit und das gleichrangige Zusammenwirken von Ehrenamtlichen und Hauptberuflichen in der Kirche sowie für die Vielfalt, die Gleichachtung und die je selbstständige Zusammenarbeit unterschiedlicher kirchlicher Berufe außer dem Pfarramt, das aus seiner faktischen Übermacht und Aufgabenüberhäufung befreit werden müsse. Seine Einlassungen riefen durchaus Widerspruch hervor.

Wilhelm Fahlbusch lag die Sozialreform ebenso am Herzen wie die Kirchenreform, weil ihn der Verkündigungsauftrag stets an die Lebenswelt wies und die Lebenswelt ihn nach der biblischen Botschaft fragen ließ. Jetzt soll es zunächst um den kirchenreformerischen Ansatz gehen: Die Gruppe Offene Kirche (GOK) bildete sich am 6.11.1969 aufgrund einer Initiative des damaligen Göttinger Superintendenten mit Sitz in Grone und späteren

Landessuperintendenten des Sprengels Hannover, Hartmut Badenhop.[84] Wie mir im März 2019 Hartmut Badenhop erzählte, war Wilhelm Fahlbusch zwar kein Gründungsmitglied, ist der GOK aber sehr bald beigetreten. Rudolf Bembenneck nennt Fahlbusch einen *Inspirator, Antreiber, Vor- und Querdenker*.[85] In der Tat hat er die Programmatik der GOK von Anfang an in allen wesentlichen Zügen mitgeprägt, später war er maßgebender Mitautor des GOK-Programmes „Kirche der Zukunft – Zukunft der Kirche" (1987).[86] Fahlbuschs Meinung, Rat und Reden waren sowohl gefragt als auch gefürchtet, denn er war stets selbstkritisch und hat seine kirchenpolitischen Freundinnen und Freunde immer dann mit ihren eigenen Ansprüchen konfrontiert und sie korrigiert, wenn die GOK-Synodalgruppe sich seinem Eindruck nach zu sehr mit sich selbst beschäftigte und sich innertheologischen und binnenkirchlichen Mutmaßungen und Debatten hingab. Selbst in den Vorüberlegungen für eine Kirchenreform sollte und musste es sich nach Fahlbusch zeigen: Diese Kirche ist eine „Kirche für andere" (Dietrich Bonhoeffer), die gar keine Zeit für Selbstbeschäftigung hat, der die Fragen und Nöte der Menschen, wie auch immer sie zur Kirche stehen, wichtiger sind als die eigenen Besorgtheiten und selbstgenügsamen Befürchtungen. Um „Kirche für andere" sein zu können, strebte Fahlbusch durchaus

---

[84] Der Gründungsaufruf vom 3.11.1969 war unterschrieben von Hartmut Badenhop, Bruno Fahsing, Wilfried Geißler, Gerhard Grotjahn, Ilse Heidemeier, Horst Hirschler, Oskar Hummel, Dr. Martin Kruse, Dr. Ernst-Gottfried Mahrenholz, Joachim Mauksch, Adolf Meßelken, Dr. Hans-Martin Müller, Martin Ruhfus, Tielko Tilemann, Olga Voß, Gottfried Wiese – siehe Matthias WÖHRMANN: Engagement für Kirchenreform in Synode und Landeskirche: die »Gruppe Offene Kirche«, in: Heinrich GROSSE/Hans OTTE/Joachim PERELS (Hrsg.): Kirche in bewegten Zeiten. Proteste, Reformen und Konflikte in der hannoverschen Landeskirche nach 1968, Hannover 2011, S. 305-323, Zitat: S. 306 Anm. 6.

[85] So Rudolf BEMBENNECK: Rede zur GOKel-Verleihung 1995 (28.1.1995 im Stephansstift Hannover), S. 36, in: Joachim DÖRING (Hrsg.): Last und Lust der Tradition – 25 Jahre GOK, MAGOK 1/1995, S. 31-37.

[86] Diese Thesenreihe ist veröffentlicht als MAGOK-Sonderheft 1987. Dazu unten mehr.

eine *Fundamentaldemokratisierung*[87] auch für die Kirche an. Doch Realist, der er nun einmal war, warnte er vor revolutionärem Überschwang, denn die Ketzer von heute seien in aller Regel die Orthodoxen von Morgen. Ebenso warnte er vor einer wohlfeilen Kritik an der Volkskirche und dem Kirchensteuersystem, deren Umwandlung ein äußerst mühsamer und sehr langer Prozess sei, nicht zuletzt weil es in Kirche und Diakonie um etwa 1 Mill. Arbeitsplätze und damit um arbeitende Menschen mit ihren Familien gehe und weil in einer Demokratie ein wirksamer gesellschaftlicher Faktor, dessen Positionen Gehör finden und der als Partner gelten könnte, ein wahrnehmbares Gegenüber sein müsse. In der Gesellschafts- und Staatspolitik könne das Individuum nicht die Institution ersetzen. Eines komme noch hinzu: Kirchenreform habe, so Fahlbusch, stets einen utopischen Überschuss. Im Sinne der Bibel indes gehöre *zur notwendigen Utopie von einer besseren Welt* - hier der Kirche - *auch die Annahme der Realität einer gefallenen Welt*, mehr noch *müssten Utopisten begreifen, dass sie Gott immer die Distanz zwischen dem real vorfindlichen schuldigen Menschen und dem Ebenbild Gottes schuldig bleiben.*[88]

Die GOK-Programmatik, wie sie in „Kirche der Zukunft – Zukunft der Kirche" mit Blick auf nahezu alle kirchlichen Handlungsfelder niedergelegt ist, lässt sich generell als Aufnahme des theologisch-sozialpolitisch-

---

[87] So Wilhelm FAHLBUSCH: Die Probleme und Organisationsformen der gesellschaftspolitischen Dienstleistung der Evangelischen Kirche in den nächsten Jahrzehnten, Fotokopie eines in Maschinenschrift vorliegenden Beitrags auf der Sitzung der AfG-Leitungskonferenz am 28.03.1972 (Beilage zum Protokoll), S. 4.

[88] So Wilhelm FAHLBUSCH: Was kann die Kirche zur Lebensvergewisserung unter veränderten Bedingungen beitragen?, S. 72. Hier zitiere ich aus einem so betitelten Vortrag, der mir als vergilbte und verknickte Fotokopie einiger Seiten aus einem Protokoll einer Loccumer Akademietagung vorliegt, die zufolge einer Bemerkung in dem Vortrag und der in den genannten Jahren für Loccumer Protokolle verwendeten Schreibmaschinentype zwischen 1985 und 1990 stattgefunden haben muß.

kirchenreformerischen Ansatzes von Wilhelm Fahlbusch interpretieren.[89] Exemplarisch nenne ich drei Punkte, aus denen in besonders deutlicher Weise Fahlbuschs theologisch, religions-historisch und soziologisch fundierte Kirchentheorie spricht:

1) In *Abschnitt IV. Zur Verwirklichung: Auf wen es ankommt*[90] wird ausdrücklich auf das »Priestertum aller Gläubigen« rekurriert, das sich wie ein roter Faden als Fundamentalsatz durch jede der 77 Thesen zieht. Darin haben auch zwei Forderungen ihren theologischen Ausgangspunkt: die Intensivierung und Hochachtung des Ehrenamtes als der charakteristischen Form kirchlichen Wirkens, die deshalb gottesdienstliche Beauftragung und Einführung sowie Fortbildung nötig macht. Dieser Fundamentalsatz bestimmt bereits die Eingangsthesen in der Definition dessen, was „offene Kirche" bedeutet: *Eine offene Kirche . . . wird in der Alltagswelt erfahren. . . . In diesem offenen Dialog mit der Alltagswirklichkeit gewinnt die Glaubensgemeinschaft geistliche Tiefe und Realitätssinn.* Daraus wird gefolgert: *Alle Christen sind Subjekte des Glaubens und des theologischen Denkens. . . . Sie sind aufgrund ihrer Alltagserfahrungen selbstständig und kompetent in Fragen des Glaubens und formulieren mündig, was sie glauben und erfahren. Das bedeutet eine neue Kultur der Glaubenssprache. . . . Die offene Kirche gibt der Lebens- und Glaubenserfahrung von Frauen und Männern den gleichen Raum.*

2) Dieser Ansatz bei der Lebenswelt nimmt in den Thesen 15 bis 17 ausdrücklich den Bereich *Arbeit, Produktion, Wirtschaft* in den Blick sowie das grundrechtlich zwar geklärte, doch in der Praxis alten patriarchalen Mus-

---

[89] Damit sollen die programmatischen Beiträge anderer (z. B. Johanna Linz, Ingrid Lukatis, Doris Janssen-Reschke, Renate Rogall, Rudolf Bembenneck, Hinrich Buß, Rudolf Göhmann, Ernst-Gottfried Mahrenholz, Hans-Martin Müller, Martin Ruhfus) keineswegs unterschätzt werden!

[90] So MAGOK-Sonderheft 1987, S. 19, weitere Zitate S. 4, 8, 12, 15.

tern folgende Verhältnis von Frauen und Männern (These 20). Ebenso geht es um das konkrete Zusammenleben mit Menschen anderer Religionszugehörigkeit und die zum Religionsdialog herausfordernde *Pluralität von Welterklärungen und ethischen Werten* (These 21, 25, 28 bis 30). Dass die wachsende religiöse Pluralität zur Signatur moderner Industriekultur gehört und die christlichen Kirchen längst ihre Monopolstellung eingebüßt haben, prognostiziert Wilhelm Fahlbusch seit Ende der 1960er Jahre.

3) Statt dass *Frömmigkeit und Weltverantwortung* immer weiter *auseinanderdriften* und die Christenheit sich in vielen kleinen Gruppen und Sondergemeinschaften atomisiert, soll die Volkskirche, wenn auch mit geringeren Zugehörigkeitszahlen, mit schwächerer religions-rechtlicher Abstützung und mit realiter, nicht nur idealiter möglichst flachen Hierarchien,[91] nicht nur eine Form kirchlicher Organisation sein, sondern als Institution einen frei-verbindlichen Rahmen bilden, in dem vielfältige Frömmigkeitsstile gelebt werden. Nur so ist eine konkrete an der Lebenswelt orientierte Wahrnehmung und Verkündigung möglich, die namentlich die Jugendlichen frühzeitig in die Verantwortung einbezieht (Thesen 40 bis 44). Zu alledem gehört eine bewusst angenommene und gestaltete Ökumenizität und Konziliarität (Thesen 61 bis 65), die die eigene Kirchenwelt erweitert und weltweit, doch ebenso im eigenen Kirchenmilieu als „versöhnte Verschiedenheit“ praktiziert wird. Diese ökumenische Kirche kann nur diakonisch (Thesen 54 bis 59) und zugleich politisch (Thesen 13 bis 14 und 23 bis 24) sein, weil sie mit der individuellen Not stets auch deren ökonomische Ursachen im Blick hat, diese publik macht und sie zugunsten der Schwächeren zu beseitigen oder wenigstens merkbar zu mindern mitwirkt.

---

[91] Siehe zur aktuellen Diskussion, die wie viele andere gesellschaftliche Debatten schon für Wilhelm Fahlbusch auf der Tagesordnung stand, u. a. Hans Michael HEINIG: Säkularer Staat – viele Religionen: Religionspolitische Herausforderungen der Gegenwart, Stuttgart 2018.

Sie setzt auf Dialog und Demokratisierung im Staat und im Blick auf ihre eigenen Leitungsstrukturen. Dazu braucht sie selbst einen *Dienst in Einheit durch Vielfalt*, ausgeübt durch eine lebens- und darum arbeitsweltnah aus- und fortgebildete unterschiedliche, nicht nur auf das Pfarramt ausgerichtete Mitarbeitendenschaft, die mit Ehrenamtlichen zu kooperieren versteht (Thesen 70 bis 77).

Diese Skizze erfasst keineswegs die gesamte GOK-Programmatik, betont aber die theologisch-kirchentheoretischen Linien, die aus Wilhelm Fahlbuschs Überlegungen und Forderungen stammen oder die mit ihnen übereinstimmen. Zu erwähnen ist noch, dass und wie von *Missionarischer Kompetenz* (These 50) gesprochen wird: *Die Kirche steht vor einer in ihrer Geschichte zwar nicht neuen, jedoch neu zu definierenden Aufgabe, nämlich die christliche Botschaft in einer zugleich christlichen, nachchristlichen und nichtchristlichen Welt zu vertreten.*[92] Es bedarf also einer mehrperspektivischen Hermeneutik des schon gegebenen, des verlorenen und des wiederzugewinnenden Einverständnisses mit dem christlichen Glauben. In diesem Zusammenhang steht die GOK-Forderung nach auch rechtlich legitimierter Mitwirkung von Menschen in der Kirche, die nicht mehr oder noch nicht (wieder) Kirchenglieder sind, aber durch ihre meist praktische Mitarbeit zum Leib Christi gehören, der ja umgreifender ist als die rechtliche Kirchengliedschaft. In dem eben genannten offenbar Loccumer Referat bezieht Wilhelm Fahlbusch das Bild vom Leib Christi auf alle Menschen. Denn sofern die Christenheit in alle Welt hineingewirkt hat, *begegnet die pluralistische Welt und Gesellschaft der Kirche . . . nicht als etwas Fremdes, sondern immer als die Gestalt ihrer eigenen kirchlichen Wirkungen und Einwirkun-*

---

[92] Die schon seit Jahrzehnten veränderte Lage wird neuerlich systematisch bedacht in EKD-KIRCHENAMT (Hrsg.): Religiöse Bildung angesichts von Konfessionslosigkeit. Aufgaben und Chancen. Ein Grundlagentext der Kammer der EKD für Bildung und Erziehung, Kinder und Jugend, Leipzig 2020, bes. Kap. 4.3 (S. 101+102).

gen. . . . Die Welt ist jetzt, sofern Christus zur Welt gekommen ist, immer schon Teil des Leibes Christi! [93] Solche »Mission durch Teilhabe« hat dieses Doppelziel: sprachfähig im Glauben und verantwortungsfähig im Leben machen zu wollen. Ein gegenseitiger Lernprozess, in dem das Fremde das Eigene besser wahrnehmen lässt. Denn erst im Medium der Erfahrungen der Lebenswelt wird es möglich, Gesetz und Evangelium konkret zu unterscheiden, statt es im unbestimmt Allgemeinen zu belassen. Wilhelm Fahlbusch wusste, einen wie großen Wendekreis ein Tanker (Kirche) braucht. Gleichwohl war er über manche unnötige Verlangsamung enttäuscht. Leider konnte er das Inkrafttreten einer neuen Kirchenverfassung am 1.1.2020 nicht mehr miterleben. Denn bei allem, was er sich möglicherweise noch vorgestellt hätte, sind doch etliche seiner Ideen berücksichtigt worden.[94]

Aus der Sicht von Wilhelm Fahlbusch gehören Kirchenreform und Sozialreform zusammen. Wenn nämlich die fundamental-demokratisierte Volkskirche eine »Kirche für andere« ist, kann sie nur eine diakonische Kirche sein. Dann ist die Sozialreform auch ihre Sache, denn im Hilfehandeln und in der Sozialgesetzgebung kann es niemals Stillstand geben. Dabei geht es Wilhelm Fahlbusch freilich um eine tiefere Dimension. Diakonie ist zu einem nicht unwesentlichen Teil Sozialarbeit. Die ist niemals *bloße Sozialtechnik. Sozialarbeit ist . . . immer zugleich auch Ideologiekritik . . . im Sinne einer permanenten, vom Gegenstand her mitgesetzten ideologischen Ausei-*

---

[93] Wilhelm FAHLBUSCH: Was kann die Kirche zur Lebensvergewisserung..., S. 70 (Wörter etwas umgestellt).

[94] Z. B. stärker als bisher das »Priestertum aller Getauften« als Aufbauprinzip, die Verpflichtung zum Religionsdialog sowie zur am Gebot der Menschenrechte und -würde zu messenden demokratischen politischen Verantwortung, dazu die ausdrückliche Orientierung auf die Ökumene im Sinne des »Konziliaren Prozesses für Gerechtigkeit, Frieden und Bewahrung der Schöpfung«.

nandersetzung auf verschiedenen Ebenen des Alltags.[95] Denn soziale Notlagen haben Gründe, die Einsichten, Einstellungen, Zielvorstellungen und Grundsätze im Blick auf ihren persönlichen und politischen Umgang mit z. B. Armut betreffen. Der Sozialen Marktwirtschaft liegen anthropologisch-sozialethische Erfahrungen, Annahmen und Willensbildungen zu Grunde, dass eine gute marktorientierte Wirtschaftspolitik Voraussetzung für eine wirksame Sozialpolitik ist, dass jedoch der Staat fördernd und gestaltend – im Sinne kluger Ordnungspolitik, die die ökonomischen und sozial-ökonomischen Faktoren aufeinander abstimmt – eingreifen soll, wenn der Markt außer Balance gerät. Dann nämlich muss dem Marktgeschehen eine rechtlich abgesicherte Sozialpolitik (Sozialgesetzgebung) an die Seite gestellt werden mit dem Ziel, jeder Person Zugang zum Sozial- und Bildungssystem und zum Arbeitsmarkt zu verschaffen, damit die Teilhabe an den Lebensgütern gewährleistet ist. Das ist eine klassische Werteentscheidung, derzufolge der Gesellschaft in ihrer Gesamtheit aufgetragen ist, eine »verantwortliche Sozialkultur« weiterzuentwickeln.[96]

Um von der Kirche und ihrer Diakonie her für die Weiterführung der Diskussion in einer pluralistischen Gesellschaft zu sorgen und selbst nicht den Trends des Zeitgeistes ausgeliefert zu sein, selbstverständlich auch um der persönlichen Motivation der Mitarbeitenden willen, die bei den hohen beruflichen Herausforderungen über vulgär-christliche Moralvorstellungen hinausgehen müssen, hält Wilhelm Fahlbusch über die persönliche Motivation hinaus und um des kritischen Dialogs mit anderen Motivationen in ei-

---

[95] So Wilhelm FAHLBUSCH: Ist eine theologische Motivation der Sozialarbeit nötig? Thesen zu einer Tagung der Wichernschule des Stephansstiftes in Hannover am 24.10.1969, folg. Zitate: S. 4, 5.

[96] Dabei geht es insbesondere um das verfassungsrechtliche Gebot, in allen Bundesländern eine „Gleichwertigkeit der Lebensverhältnisse" (GG Art. 72) herzustellen. Auf diese Aufgabe hat Fahlbusch immer wieder hingewiesen. Wie aktuell und dringend sie auch 30 Jahre nach der Wiedervereinigung ist, zeigt in kurzen Überblicken: APuZ 69. Jg., Heft 46/2019: GLEICHWERTIGE LEBENSVERHÄLTNISSE.

ner pluralistischen Gesellschaft eine *sozialethische Hermeneutik als Spezialfach der kerygmatischen Hermeneutik* für nötig. Zur sozialethischen Hermeneutik gehören mindestens zwei Elemente: Zum Ersten die *Darstellung von Positionen, die in der Kirche zu gesellschaftspolitischen Fragen bezogen sind, ihre Motivation und ihre Bestreitungen. Durch ein geschichtliches Verstehen ist nachträglich Kritik im Sinne eines Lernprozesses zur Gewinnung von Kategorien für die Gegenwart notwendig.* Zum Zweiten geht es darum, *aus diesem historischen Lernprozess heraus im Verbund mit den politischen Wissenschaften die Herausforderungen unserer Gesellschaft, die Alternativen politischer Entscheidungsmöglichkeiten und die Entwicklungstrends herauszuarbeiten und zugleich zu fragen, ob die kritisch aufgearbeitete Tradition ethische Motivation für die politische Realisierung der Probleme hergibt. . . . Theologische Motivation ist keine dogmatische Programmierung, sondern ideologiekritischer Diskussionsprozess in der Auseinandersetzung mit der Tradition, dem wissenschaftlichen Material und der politischen Realität.*

Anders gesagt: Die kirchlich-diakonisch Handelnden und Verantwortlichen sollen über ihr eigenes Tun reflektieren können, nicht zuletzt weil sie in einer säkularen Gesellschaft Klarheit brauchen, wer sie sind und was ihnen vom Evangelium wichtig ist. Auf diesem Weg will Fahlbusch „mittlere Axiome", ein von dem ökumenischen Sozialethiker Joseph H. Oldham (1874-1969) geprägter Begriff (Amsterdam 1948), oder „sozialethische Leitlinien"[97] bzw. „diskursive Übereinkünfte" entwickeln. Wilhelm Fahlbuschs „sozialethische Leitlinien" korrelieren mit mindestens drei Leitlinien der oben dargelegten Kirchenreform-Thesen: Aus dem »Priestertum aller Getauften« resultiert 1) die uneingeschränkte Gleichachtung und -rangigkeit des Menschen, 2) die Orientierung an der jeweiligen Lebenslage, zu der

[97] Arthur Rich, anders akzentuiert Heinz-Eduard Tödt und mit ihnen einige EKD-Schriften zur Sozial- und Gesellschaftspolitik sprechen von „Kriterien" und „Maximen".

auch ungehinderte Zugangsmöglichkeiten zu den Hilfsmaßnahmen gehören, und 3) die uneingeschränkte, am Maßstab der Gerechtigkeit ausgerichtete »Teilhabe«, zu der auch eine möglichst weitgehende Selbst- und Mitbestimmung gehören. Da wird es als selbstverständlich erscheinen, wenn Fahlbusch in seinem Düsseldorfer Vortrag im Jahr 1978 über „Eigenverantwortung und soziale Verpflichtung als Elemente der sozialen Sicherung" die Arbeitslosigkeit als Dreh- und Angelpunkt von sozialer Verpflichtung und sozialen – mit der Basis in wirtschaftlichen – Reformen herausstellt, denn diese bedeutet Beschneidung der Teilhabe- und Mitwirkungsrechte auf der ganzen Linie, die *die soziale Ordnung in Frage stellt.*[98] Verwundern mag dabei, dass Fahlbusch bei aller aus- und nachdrücklichen Betonung von Gemeinsinn und Gemeinwohl, bei aller kaum zu übertreffenden Wertschätzung der Solidargemeinschaft, für die er allenthalben nachdrücklich wirbt, den komplementären Aspekt der Eigenverantwortung im Sinne *der privaten Initiative im Bereich sozialer Sicherung* ebenfalls stark hervorhebt. Er formuliert im Jahr 1978: *Angesichts der Kostenentwicklung im sozialen Sektor, aber auch angesichts der wachsenden sozialen Probleme, vor allem aber auch in Anbetracht der Einkommenslage besonders vom oberen Mittelstand aufwärts, scheint es mir an der Zeit, den Gedanken der privaten Initiative wieder ins Spiel zu bringen.* Der Rund-um-Versorgungs-Staat ist Fahlbuschs Sache nicht. Wer zur langfristigen sozialen Sicherung beitragen kann, soll es tun. Das Element der Eigenverantwortung ist stets verschränkt mit dem der Sozialpflichtigkeit, beide Elemente müssen stets neu austariert werden. Dazu bietet ihm das Modell einer »Hilfe zur Selbsthilfe« die beste Orientierung.

Wohlgemerkt: Wilhelm Fahlbusch hat kein neo-liberales Modell eines möglichst wenig regulierten Marktes, auch Sozialmarktes im Sinn. Für ihn

[98] Siehe Wilhelm FAHLBUSCH: a. a. O., S. 80, weitere Zitate: S. 84.

bleibt Sozialpolitik eine verpflichtende ordnungspolitische Gestaltungsaufgabe in Verschränkung von Eigenverantwortung und Sozialpflichtigkeit als einem verbundenen Gegenüber von Sozialreformen. So denkt er Autonomie stets zusammen mit Angewiesenheit. Das wird deutlich an seinem Referat am 10.8.1993 im Stephansstift Hannover im Rahmen des 4. Informations- und Kooperationstreffens zur Diakonischen Fortbildung, für die er sich sowohl aus Erfahrung und Neigung als auch gerade als Professor für Sozialethik stets engagiert hat: Diakonie und Bildung als Pole einer Ellipse. Damals ging es, so der Vortragstitel, um „Hilfsbedürftigkeit zwischen Wohlfahrt und Willkür".[99] Im Eingangsteil erinnert Fahlbusch an die nationalsozialistischen Willkürmaßnahmen in der Wohlfahrtspflege, ein Ausdruck, der angesichts der selektionistisch-eliminatorischen, einem kruden Sozialdarwinismus folgenden staatlichen Eingriffe ins Sozialsystem ein Euphemismus ist. In diesen perversen Willkürmaßnahmen hat sich das Böse als Gutes maskiert. Auch für Kirche und Diakonie gelte: *Ihre Caritas war damals vorbildlich. Ihre politische Abstinenz verderblich.* Dagegen setzt er *die theologisch-anthropologische Erkenntnis der Gebrochenheit und Uneindeutigkeit* des Menschseins, das sich durchaus im diakonischen Hilfehandeln wiederspiegelt. Deshalb sei, so der Referent, der kontinuierliche *kritische Diskurs* und die begleitende *kritische Selbstreflexion* unabdingbar, die ihr Maß nehmen an der *Verkündigung Jesu Christi* als *Erkenntnis der Gebrochenheit und Zweideutigkeit menschlichen Tuns.* Zumal diese Erkenntnis muss diakonischer Spontaneität Raum lassen, darf aber keinesfalls irgend-

[99] Siehe Wilhelm FAHLBUSCH: Hilfsbedürftigkeit zwischen Wohlfahrt und Willkür, Referat am 10.8.1993 im Stephansstift Hannover im Rahmen des 4. Informations- und Kooperationstreffens zur Diakonischen Fortbildung (mir vorliegend als maschinenschriftliches Ms.), Zitate: S. 2, 4, 5, 6, 10, 11. – Die Aufgaben nach der Jahrtausendwende sind im Blick auf ganz Europa eindringlich dargestellt in: Theodor STROHM (Hrsg.): Diakonie an der Schwelle zum neuen Jahrtausend. Ökumenische Beiträge zur weltweiten und interdisziplinären Verständigung, Heidelberg 2000.

einer Art von Willkür verfallen. Nicht zuletzt deshalb interessiert Fahlbusch die Frage, wie die *Diakonie als Großinstitution . . . dieses Verhältnis zur Hilfsbedürftigkeit in der Richtung Solidarität-Wohlfahrt-Sozialstaat . . . bestimmen und . . . vermeiden* kann, *dass Willkür . . . dieses Verhältnis bestimmt.* Nach einigen Zwischenüberlegungen kommt er zu dem Schluß: *In der Institution Kirche und in der Institution Diakonie* muss *die Wahrheit des Evangeliums konkret erfahrbar* werden: dort *erweist sie sich als wahr oder als Dogma. Mit anderen Worten: die Relevanz der Verkündigung Jesu Christi als Wahrheit unseres Lebens wird heute nur noch über die Konkretion dieser Wahrheit durch ihre alltägliche Praxis erkennbar. Die Diakonie tritt darum als Interpretation der Verkündigung immer mehr an die Stelle der Predigt. Die zeitgemäße Predigt der Kirche ist ihre diakonische Praxis. . . . Die Tradition der christlichen Wahrheit ist nur über die weltliche Praxis des Glaubens im Alltag erhaltbar; und zwar so, dass dieser Glaube in seiner alltäglichen Praxis auch in die Auseinandersetzung mit anderen Welt- und Lebensanschauungen und deren Praxis kommt und sich darin bewähren muss.* Anders werde *das Evangelium . . . zu einer abgesprengten dogmatischen Sekte.* Diese Aussage versteht Fahlbusch zunächst nicht als normative, sondern als rein empirische, die belegt, dass heute der Glaube jenseits tödlicher Thesen in der Diakonie konkret erfahren werden will. Und die kirchlich zu stärkende Diakonie ihr christliches Gesicht zu erkennen gibt. Das ist keine Absage an Gottesdienst und Predigt! Vielmehr steckt dahinter die Erkenntnis, dass selbst die in der Bibel stets auch überpersonal gedachte Liebe Strukturen braucht, in denen sie als Liebe wahrgenommen werden kann.[100] Schließlich sei *das antidogmatische Zeitalter . . . der Anfang des diakonischen Zeitalters der Kirchen.* Nach Fahlbusch eine große Chance für die Kirche!

---

[100] Siehe Wilhelm FAHLBUSCH: Ist das Gebot der Liebe strukturalisierbar? in: bud Heft 5/1977, S. 10-17.

Keine Auflösung des Glaubens in sog. gute Werke, sondern das diakonische Handeln als Erfahrungsraum, aus dem die Sinnfrage wieder unverstellt durch eine bevormundende Institution gestellt und auf eine Antwort gedrängt wird. Und im Blick auf das Zusammenwachsen in Europa sollten die europäischen Kirchen gemeinsam die Diakonie intensiver als bisher fördern. Wilhelm Fahlbusch dachte gerade im Blick auf die arbeitsmarktpolitischen und die sozialen Fragen europäisch! Er *fordert eine europäische Sozialcharta*! Um sein Anliegen richtig zu würdigen, ist wiederum zu beachten, dass es ihm darum geht, im Medium kirchlich-diakonischen Handelns den Inhalt des Evangeliums aufzuzeigen: *die Geschichte des leidenden Jesus von Nazareth* in ihrer *Tiefe, aus der allein die Wandlung des Menschen und des Lebens geschehen kann.*[101]

Am Schluss seines Vortrags stellt Wilhelm Fahlbusch dar, welche Horrorvision eine Gesellschaft mit zwei Drittel Rationalisierungsgewinnern gegenüber einem Drittel-Rationalisierungsverlierern ist. Eine Folge sei, dass *der entscheidende Faktor für ein auskömmliches Leben . . . in steigendem Maße der Besitz von Arbeit* werde. Der Besitz von Arbeit sei aber nun einmal *die Basis für unser gesellschaftlich-solidarisch konzipiertes Versicherungssystem.* Dabei sei schon jetzt unüberhörbar, wie die Arbeitslosen diffamiert werden: sie seien selbst schuld an der Arbeitslosigkeit, sie missbrauchten die Transferleistungen und dergleichen mehr. Ebenso benennt Fahlbusch *die Diskriminierung von Asylbewerbern als Parasiten in unserem System* in deren *Signalwert für eine mögliche zukünftige Entwicklung der Gesellschaft.* Diese Entwicklung klar zu erkennen und Widerstand zu leisten, sei Aufgabe

---

[101] So Wilhelm FAHLBUSCH: Die Probleme und Organisationsformen der gesellschaftspolitischen Dienstleistung der Evangelischen Kirche in den nächsten Jahrzehnten, Fotokopie des maschinenschriftlichen Ms. eines Vortrags am 28.3.1972 in der Leitungskonferenz des Amtes für Gemeindedienst der Ev.-luth. Landeskirche Hannovers (jetzt: Haus kirchlicher Dienste), S. 5.

der Diakonie. Ebenso dürfe sie *den Versuchungen der Deregulierungspolitik nicht erliegen*. Hier müsse die Diakonie Sozialreformen anmahnen, was schon im 18. und 19. Jahrhundert zu ihrer Praxis gehört habe. *Diakonie ist kein Privatunternehmen in einer Nische der Gesellschaft. Diakonie ist ein Politikum. Sie ist die gesellschaftliche Konkretion des Politikums der Verkündigung Jesu Christi am Ort der Hilfsbedürftigkeit und an der Seite der Hilfsbedürftigen.*

Parallel zum Begriff der »Fundamentaldemokratisierung« bezeichne ich Fahlbuschs diakonisches Konzept als »Fundamentaldiakonisierung«![102] Dafür steht eine kleine Thesenreihe vom 16.1.1980, die mit den oben bereits zitierten Worten beginnt:[103] *Gemeinde ohne Diakonie ist tot!* Und die mit den Worten endet: *Diakonie ist eine Dimension der Gotteserkenntnis!* Dabei geht es um mehr als um die viel beschworene „Hinwendung zur Welt". Vielmehr ist für Wilhelm Fahlbusch diese Erfahrung und Einsicht leitend: *Die Frage, ob es Gott gibt oder nicht, welchen Sinn es hat, an ihn zu glauben, wird nicht theoretisch, intellektuell, sondern existentiell, d. h. im Handeln entschieden.* Das kann doch nur bedeuten: Gerade dort, in wirklicher Nähe zum verletzten und zum scheiternden Menschen, bricht die Frage nach dem verborgenen und dem offenbaren, nach dem fernen und dem nahen Gott auf. Und erst inmitten der unmittelbaren Lebensverpflichtungen wird erfragbar und erfahrbar, was das heisst: Gott zu vertrauen, dem unverfügbaren Grund des Lebens, und in Jesus Christus einen „Wert" des Menschen zu erkennen, der von seinem Werk niemals eingeholt und niemals zerstört werden kann. Zumal darin kommt die Leitunterscheidung

---

[102] Vgl. Wilhelm FAHLBUSCH: Die kirchliche Sozialarbeit im Sozialstaat. Gedanken zum 100. Todestag von Johann H. Wichern, in: DIE MITARBEIT 2/1981 (30. Jg.), S. 219-226.

[103] Siehe Wilhelm FAHLBUSCH: Gemeinde ohne Diakonie ist tot! Anmerkungen zu theologischen Grundfragen zum Verhältnis von Gemeinde und Diakonie (im Nachlass befindliches maschinenschriftliches Original-Ms. ohne weitere Angaben), S. 1+2.

von Schöpfer und Geschöpf zur Geltung, die allererst eine vernünftige Freiheit begründet. In diese Tiefen muss nun einmal zurückgehen, wer Wilhelm Fahlbuschs Verständnis vom Zusammenhang zwischen Kirchenreform, Diakonie und Sozialreform auf die Spur kommen will.

In den 1990er Jahren gab es eine große Debatte über den Umbau des bundesdeutschen Sozialsystems, deren Gründe hier nicht im Detail dargestellt werden können. Wilhelm Fahlbusch hat – sinngemäß – die Lage generell so charakterisiert, mit dem Ende des als Kommunismus ausgegebenen Staatssozialismus sowjetischer Prägung sei keineswegs etwa schon die Überlegenheit des westeuropäisch-nordamerikanischen Kapitalismus bewiesen, vielmehr habe Letzterer seine Bewährungsprobe noch vor sich, zusätzlich im Blick auf eine ökologische Transformation unseres Wirtschaftens. Er wird in den 1990er Jahren vielfach um Beratung gebeten, von welchen sozialethischen Traditionen und Prinzipien aus zumindest in Mitteleuropa ein möglichst gerechtes System Sozialer Sicherung in Europa etabliert werden kann.[104] Am 29.1.1996 spricht Wilhelm Fahlbusch in Braunschweig bei einem Hearing „Zukunft der Sozialen Sicherungssysteme" zum Thema *Daseinsvorsorge: Eine gesellschaftliche Aufgabe? Ethische Grundlagen der sozialen Sicherung.*[105] Dass Daseinsvorsorge eine gesellschaftliche Aufgabe ist, ist nach wie vor unstrittig. Das Ja dazu ist ablesbar an zwei staatspolitischen Entscheidungen: die Sozialgesetzgebung zur Bismarck-Zeit Ende des

---

104 Vgl. zum Zusammenhang von Religion und Sozialpolitik Karl GABRIEL/Hans-Richard REUTER/Andreas KURSCHAT/Stefan LEIBOLD (Hrsg.): Religion und Wohlfahrtsstaatlichkeit in Europa, Tübingen 2013; Hans Joachim SCHLIEP: Protestantische Ethik und moderner Sozialstaat – Fernwirkungen der Reformation. Ein Kongressbericht, in: Gerhard WEGNER (Hrsg.): Die Legitimität des Sozialstaates, Leipzig 2015, S. 293-309.

105 Siehe Wilhelm FAHLBUSCH: Daseinsvorsorge: Eine gesellschaftliche Aufgabe? Ethische Grundlagen der sozialen Sicherung, in: REKTOR DER EV. FACHHOCHSCHULE HANNOVER (Hrsg.): IpF-Info des Instituts für praxisbezogene Forschung an der EFHH, Heft 1/1996, S. 12-17; dort die folg. Zitate in kursiver Schrift. – Leider habe ich den Veranstalter dieses Hearings nicht ermitteln können, es war vermutlich der DGB.

19. Jh.'s und die Einführung der Sozialen Marktwirtschaft, die beide auf denselben Wertentscheidungen beruhen.[106] Jede Bürgerin und jeder Bürger als Person und die Gesellschaft in allen ihren Gliederungen sind dem Gemeinwohl, mithin zur Daseinsfürsorge und Daseinsvorsorge verpflichtet. Im Blick darauf kommt es in Fahlbuschs Argumentation darauf an: An die Stelle eines Staatszentralismus mit einer gewissen Automatik zur Staatswillkür trat das noch heute vorteilhafte und leitende Prinzip der »Hilfe zur Selbsthilfe«. Dieses entspricht am ehesten den nicht zuletzt der wechselvollen Judentums- und Christentumsgeschichte zu verdankenden *ethischen*

---

[106] Diese Position Fahlbuschs hat einen konkreten aktuellen und historischen Hintergrund, der mit Grundfragen und Basissätzen evangelischer Sozialethik verbunden ist. Darum gestatte ich mir diesen Exkurs:
Die gemeinsame Verpflichtung zur Daseinsvorsorge und -fürsorge ist gefährdet durch die mit der durchaus zu begrüßenden Individualisierung einhergehende Deregulierung, die alles der Verantwortung des Individuums anheimstellt und Sozialpolitik nicht mehr als Gemeinschaftsaufgabe versteht. Umso energischer weist Wilhelm Fahlbusch auf die Geschichte der deutschen Sozialgesetzgebung hin: Reichskanzler Otto von Bismarck (1815-1898), bekanntlich ein rabiater Sozialistenfeind, wollte ab 1883, als Deutschland Nettogewinn aus den Kolonien zog, einen Staatssozialismus: Alle Sozialleistungen sollten aus Staatsmitteln finanziert werden, zumal der Staat der „lender of last resort" (Geldgeber in letzter Instanz) sei. Die Gegenleistung, die Bismarck von Volk und Parlament erwartete, war die uneingeschränkte Zustimmung zur Monarchie. Zwar hatte dann jeder etwas, aber konnte dann überhaupt von Teilhabe im Sinne der Bürgerrechte und der Demokratie gesprochen werden?
Ein Gegner Bismarcks war sein Ministerialbeamter Theodor Lohmann, der die Gesetzestexte erarbeitete und in den Parlamentsausschüssen vertrat. Er war der Meinung, dass gerade in der Sozialversicherung mit der wirklichen Teilhabe am Staatsgeschehen begonnen werden sollte, denn die betraf die einzelnen Arbeiter unmittelbarer als alles andere. Hier mussten und sollten dann die Selbst- und Mitbestimmung beginnen, damit ein demokratisches System sich eindrucksvoll und die Klassenspaltung überwindend entwickeln könne und, für die röm.-kath. Zentrumspartei wie für sozial-liberale Protestanten sehr wichtig, der christliche Personalismus, die Eigenverantwortung verbunden mit einem Ausbau von Bildung und Gesundheitsvor- und -fürsorge sowie arbeitsrechtlicher Selbstorganisation (Arbeiterausschüsse; Gewerkschaften) sich ausbilden könne. Letzten Endes entstand ein Mischsystem von Staats- und Umlagenfinanzierung mit Eigenbeitrag der Versicherten.

Grundlagen der Sozialen Sicherung:[107] Was Fahlbusch sagt bzw. schreibt, fasse ich zusammen:

⋆ Auf welche Weise könnte *die menschliche Personwürde*, die *im Wertekanon der Gesellschaft* die *oberste Priorität hat*, am wirksamsten zum Tragen kommen? *Sie ist unverfügbar*, jeder Person *als Grundbestimmung des eigenen Daseins unabhängig* vom *Tun und von den jeweiligen sozialen ... Bedingungen durch* das *Menschsein a priori, fundamental gegeben. Darum darf und soll der Mensch nicht willkürlich verfügbares Objekt von individuellen und institutionellen Interessen und Kalkülen sein. Politik und Wirtschaft haben dem einzelnen darin zu dienen, gemäß dieser Personwürde zu leben und ihm zu helfen, diese Würde in Freiheit und Selbstbestimmung zu entfalten.* Das liberale Prinzip, das aber in dieser Akzentuierung nicht dem sozialistischen entgegensteht!

⋆ *Die Personwürde ist kein egoistischer Eigentumstitel* der einzelnen Menschen. *Die Würde des menschlichen Daseins erfüllt sich erst in der Mitmenschlichkeit, wenn wir die Sorge um unser eigenes Dasein öffnen für die Sorge um das Dasein der Mitmenschen. ... Nur in der Sorge um die anderen kann ich also mein eigenes Dasein besorgen. ... Menschliches Dasein ist ursprünglich Solidargemeinschaft.* Das setzt nach Johann Hinrich Wichern voraus, dass *die Starken bereit sind, ihre Vorrechte ... in Rechte der Schwachen zu verwandeln.* Das Solidarprinzip, das aber nicht dem liberalen widerspricht!

⋆ Wieder kommt es auf die Balance an. Wo die Bedeutung der staatlichen Interventionen wächst, *muss der einzelne Mensch in die Lage versetzt wer-*

---

[107] Mit der stets drängenden Frage nach der Sicherung des bundesdeutschen Sozialsystems hat sich die Ev. Kirche in Deutschland regelmäßig und frühzeitig befasst, siehe EKD-KIRCHENAMT (Hrsg.): Die soziale Sicherung im Industriezeitalter. Eine Denkschrift, Gütersloh 1973, die in Ziffer 17 für eine in enger Kommunikation und Kooperation zwischen Staat und Zivilgesellschaft sich entwickelnde unterschiedene, doch aufeinander bezogene aktive Sozialpolitik mit starken präventiven Elementen plädiert.

den, seine Daseinsvorsorge selbständig zu regeln: Selbsthilfe so weit wie möglich und Hilfe von außen so weit wie nötig muss der Grundsatz einer freien, auf die Priorität der Unverfügbarkeit der Personwürde gegründeten Daseinsvorsorge lauten. Subsidiarität also! Jedoch in seiner ursprünglichen Form: Keine Suspendierung der Staatstätigkeit oder der Gesellschaft, aber Vorrang der jeweils kleineren sozialen Einheiten und der zivilgesellschaftlichen Initiativen, durchaus mit öffentlichen Mitteln, vor allem dort, wo eine Anschub- oder Auffangfinanzierung nötig ist.

Wilhelm Fahlbusch erläutert in seinem Vortrag sodann, in welchen Sparten der Sozialgesetzgebung die oben genannten Prinzipien ihren Niederschlag gefunden haben. An dieser Stelle kann ich allerdings nur sein leidenschaftliches Plädoyer verstärken, dass wir in eben dieser Ethiktradition bleiben, diese Ethiktradition auf jeden Fall bewahren sollten, die noch das Spannungsvolle, aber insgesamt doch Komplementäre zu einer vielgestaltigen Einheit verbindet. Nun, am Schluss stellt Fahlbusch die Frage: Reicht denn, zumal laut Müller-Armack *der Markt die fatale Eigenschaft besitze, auch ethische Werte zu zerstören,* unser Ethikvorrat für die nächsten Jahrzehnte aus? Haben wir, da *unsere Grundwerte auf das Materielle zentriert seien, womit wir das Transzendentale verlören,* noch sprudelnde Quellen für eine *Ethik des Teilens* und der freien Selbstzurücknahme, die ein glaubwürdiger Ausweis von Freiheit ist? Die beiden großen Kirchen haben es in ihrem Konsultationsprozess von 1994 bis 1997, an dem Wilhelm Fahlbusch beteiligt war und für den sein Vortrag *Daseinsvorsorge: Eine gesellschaftliche Aufgabe*? wie eine Diskussionsvorlage wirkt, versucht: „Für eine Zukunft in Solidarität und Gerechtigkeit".[108] In den Folgejahren steht in Aufnahme und

---

108 EKD/DBK: Für eine Zukunft in Solidarität und Gerechtigkeit. Wort des Rates der Evangelischen Kirche in Deutschland und der Deutschen Bischofskonferenz zur wirtschaftlichen und sozialen Lage, Gemeinsame Texte 9, Hannover/Bonn 1997.

Weiterführung des Gemeinsamen Textes von 1997 in den öffentlichen Kundgebungen und Stellungnahmen der Ev. Kirche in Deutschland der sozialethische Kerngedanke der »gerechten Teilhabe« im Zentrum aller Überlegungen und Forderungen. Der Teilhabe-Ansatz sollte vermitteln zwischen dem Ansatz bei der Befähigungs- oder bei der Verteilungsgerechtigkeit, von der übrigens Fahlbusch nur selten spricht, weil dieses Prinzip für eine hochdifferenzierte Industriegesellschaft unpassend ist. Er stellt das Leitbild in der EKD-Denkschrift zur Armutsbekämpfung in Deutschland aus dem Jahr 2006 dar: „Gerechte Teilhabe – Befähigung zu Eigenverantwortung und Solidarität".[109] Hier ist Armut aufgefasst als mangelnde Teilhabe an der Gesellschaft, sodass die Teilhabe an Arbeit die maßgebliche Voraussetzung dafür ist, Armut zu beseitigen und Teilhabe (zurück-)zugewinnen. Arbeit und Armut, Mitbestimmung und Bildung – das sind für Wilhelm Fahlbusch die wichtigsten Themenfelder für die Sozial- und die Wirtschaftspolitik bzw. deren Reformen und für Diakonie und Kirche, weil es in ihnen existentiell um das Menschsein geht und damit um die christliche Botschaft von der Menschlichkeit Gottes.

---

[109] Siehe EKD-KIRCHENAMT (Hrsg.): Gerechte Teilhabe – Befähigung zu Eigenverantwortung und Solidarität. Eine Denkschrift des Rates der EKD zur Armut in Deutschland, Gütersloh 2006. Dazu Heinrich BEDFORD-STROHM/Traugott JÄHNICHEN/Hans-Richard REUTER/Sigrid REIHS/Gerhard WEGNER (Hrsg.): Kontinuität und Umbruch im deutschen Wirtschafts- und Sozialmodell, Jahrbuch Sozialer Protestantismus 1, Gütersloh 2007, S. 329-347: Heinrich BEDFORD-STROHM: Sozialethik als Öffentliche Theologie. Wie wirksam redet de Evangelische Kirche über wirtschaftliche Gerechtigkeit?; S. 348-362: Gerhard WEGNER: Befähigung zur Teilhabe. Sozialethische Paradigmen einer gerechten Gesellschaft in Deutschland – Überlegungen im Anschluss an die Denkschrift des Rates der EKD zur Armut in Deutschland »Gerechte Teilhabe – Befähigung zu Eigenverantwortung und Solidarität«. Siehe auch Gerhard WEGNER: Teilhabe fördern – christliche Impulse für eine gerechte Gesellschaft, Stuttgart 2010. Auch die Eigentumsfrage müsste auf dem Hintergrund von GG Art. 14,2; 15; 20 noch einmal diskutiert werden: Heribert PRANTL: Eigentum verpflichtet. Das unerfüllte Grundgesetz, München 2019; Hans-Jochen VOGEL: Mehr Gerechtigkeit! Wir brauchen eine neue Bodenordnung – nur dann wird auch Wohnen wieder bezahlbar, Freiburg 2019.

[8] Fortschritt und Leiden

Wilhelm Fahlbusch wollte weitergedacht werden. Wer nun sich auf diesen Weg des Weiterdenkens macht, wird sich einigen Provokationen stellen müssen. Die stärkste davon ist diese: Sein gesamtes Wirken als Pastor, als Professor, als Diakoniker und Sozialreformer, als Synodaler und Kirchenreformer ist bestimmt von der Frage nach Gott! Illusionslos wie kaum jemand anders hat Fahlbusch die Arbeitswelt als gottfern und gottleer beschrieben. Zu Dietrich Bonhoeffers Wort vom Zeitalter der Religionslosigkeit hat Wilhelm Fahlbusch reichlich Anschauungsmaterial geliefert. Mehr noch:[110]

Selbst die Arbeitswelt, *Quelle ständig fortschreitender Verweltlichung*, der *Bereich, in dem Gott weder als Produktions- noch als Personalfaktor oder ökonomische Größe eine Rolle spielt, produziert* keineswegs mehr *ein Selbst- und Weltverständnis des arbeitenden Menschen, in dem Gott nicht vorkommt,*

---

[110] Im Folgenden fasse ich verschiedene mir vorliegende Texte von Wilhelm Fahlbusch zusammen, dessen wortwörtliche Äußerungen kursiv geschrieben sind:

▷ Die Kirche und die Säkularisierung (nur im Nachlass befindliche Fotokopie eines maschinenschriftlichen MS. aus Fahlbuschs Zeit als Landessozialpfarrer, ohne weitere Angaben)

▷ Ohne Frage keine Antwort, in: bud 1/1984 (Themenheft zur Gottesfrage), S. 3-7

▷ Glaube und Fortschritt – Lernen und Leiden, in: bud 2/1988, S. 36-40

▷ ZEIT-EIN-SICHTEN. Festvortrag zu »50 Jahre Amt für Gemeindedienst« am 9.11.1991 in der Neustädter Hof- und Stadtkirche St. Johannis (im Nachlass befindliche Fotokopie eines maschinenschriftlichen MS.)

▷ WERTEWANDEL aus theologischer Sicht (im Nachlass befindlicher Vortrag im Pastoralkolleg Loccum am 14.9.1996)

▷ Christentum in der Gesellschaft von morgen – Herausforderungen an die visionäre Kraft der Kirche (nur im Nachlass befindliche Fotokopie eines maschinenschriftlichen Ms. eines auf dem RADIUS-FORUM in Ganderkesee bei Delmenhorst am 15.3.1995 gehaltenen Referats).

Zum „nach-metaphysischen" und „post-säkularen" Zeitalter vgl. jetzt am Leitfaden der Spannung von »Glauben« und »Wissen« Jürgen HABERMAS: Auch eine Geschichte der Philosophie, Band 1: Die okzidentale Konstellation von Glauben und Wissen, Band 2: Vernünftige Freiheit. Spuren des Diskurses über Glauben und Wissen, Berlin 2019.

sondern nur noch Sachen, Produkte und der Mensch als Wegbereiter seiner selbst. Denn mit dem Bedeutungsverlust von Arbeit durch Arbeitslosigkeit und neue, digitalisierte Technologien, die des Menschen Selbstwirksamkeit in Frage stellen, schwindet deren Bestimmungsmacht. So wird aus Gottferne und Gottleere nur noch Ferne und Leere. Wo nichts in Frage gestellt wird, wird auch keine Antwort mehr erwartet. Gott wurde vergessen – und dabei wurde vergessen, dass Gott vergessen wurde. Dieses Vakuum wird sich, so hat Fahlbusch es bereits im Jahr 1995 analysiert, als Institutionsfremdheit, Staatsferne und Politikverdrossenheit äußern. Zugleich wird es sein widerliches Haupt erheben in *Kriminalisierung und mafiösen Strukturen, in linkem oder rechtem Terror, in Rassismus und Rechtsextremismus*, in einem völkischen Reinheitswahn statt wirklicher Demokratisierung. Gegenüber vielen Geistesgrößen, die das „nach-metaphysische Zeitalter" ausgerufen haben, erinnert Wilhelm Fahlbusch daran, dass die Gottesleere, weil es nun in einer nie gekannten Radikalität um die gefährdete Existenz des Menschen geht, der sich im Prozess einer bis ins Intimste hineinreichenden Selbstökonomisierung befindet, die Frage nach Gott in ebenfalls nie gekannter Radikalität hervortreibt, gleichsam als Hall aus leerem Raum. Wenn Wilhelm Fahlbusch noch in dieser Lage um des Menschen willen zumindest an der Frage nach Gott festhält, nenne ich ihn einen Missionstheologen neuen Typs! In der Tat hat er gegen Schluss seiner Festrede zu »50 Jahre Amt für Gemeindedienst« am 9.11.1991 angemahnt, es gehe um eine Neujustierung unserer Missionstheologie, die, vor allem aus dem Bereich der neuen Bundesländer, noch stärker als bisher dem (autoritären) Indoktrinationsverdacht ausgesetzt sei. Deshalb müsse unsere Missionstheologie strikt von der Botschaft der Rechtfertigung des Gottlosen her gedacht werden und von abgesicherten Missionsstrategien lassen. Stets aber bleibt es möglich, die Lebens- und Glaubenszweifel bei anderen Menschen und zuerst bei sich selbst ernst zu nehmen und sie mit den Menschen auszuhalten. Hier schließt sich der Kreis: Sofern Kirche das vermag, wird sie sich mitten im Lebensalltag, also auch in der wie auch immer beschaffenen Arbeitswelt zum Hinhören und Wahrnehmen der Verletzlichkeiten und Verlassenheiten wie auch des unfassbaren Glücks, doch auch noch des Halls aus leerem Raum bekehren lassen. Mission beginnt dort, wo Kirche bzw. diejenigen, die Jesus als Christus verkündigen, sich bekehren lassen zum eigenen Aushalten der Leere und der Zweifel im Angesicht des Gekreuzigten. Fortan geht es um eine Mission, die aus dem Lebens- und Glaubenszweifel auf diejenigen zukommt, die missionarisch, diakonisch, evangelisch sein wollen. Das ist möglich, denn, so Fahlbusch mit Gogarten, das, was sich uns entfremdet hat, ist doch etwas anderes als das Fremde.

In seinem Referat am 15.3.1995 in Ganderkesee trifft Wilhelm Fahlbusch die Unterscheidung zwischen Christentum und Kirche. Christentum ist die Kulturform des Glaubens, wie Christenheit und Kirche in die Gesellschaft hineingewirkt haben. Darum ist er nötig und hat er Verheißung: der Diskurs und Dialog mit allen, die nur irgendwie daran mitwirken wollen, über das, was denn hier und jetzt das Christliche ausmacht. Das ist heute nur noch als Dialog mit Menschen aus anderen Religionen möglich und sinnvoll, denn die Herausforderung das Recht, den Frieden und das Leben selbst verantwortlich zu gestalten, ist, allen wieder aufkeimenden Nationalismen zum Trotz, eine gemeinsame Aufgabe, über die sich zu verständigen gilt (These 1). Ein solcher Diskurs ist umso nötiger als die zukünftige *Entwicklung in großen dialektischen Spannungen verlaufen wird* (These 2), nämlich in Herauslösung *aus kollektiven Bindungen einerseits* und andererseits steigenden *Bedürfnissen nach Eindeutigkeit und Führung.* Dabei bleibe die Rolle von Religionen und Utopien offen, ihr Aufkommen sei jedoch noch kein Beweis gegen den inhaltlichen Kern von Bonhoeffers These, wir gingen einer religionslosen Zeit entgegen. In diesem Diskurs, so hofft Fahlbusch, gebe sich das Eigene neu zu erkennen. Dabei bleibe zentral die Frage nach der Arbeit, die in jedem Fall nach einem Selbstverständnis jenseits der Selbstwirksamkeit verlange, und die Frage nach dem Markt, der ethische Fundierung benötige, da er mehr als alles andere seine ethischen Ressourcen verbrauche, ohne dass der Markt, dieses Moment vernünftiger Freiheit, aufgegeben werden dürfe. Zudem müsse klar erfasst werden, dass Enttraditionalisierung und Entinstitutionalisierung, die als solche ein Wesenszug der Freiheitsgeschichte seien, eine umso fundiertere Selbstbildung und Selbstbindung, Entscheidungsfähigkeit und Entscheidungsfreude benötigten, wenn Entsolidarisierung und Brutalisierung nicht um sich greifen sollten. Nichts ist schädlicher als der Trend zum Identitären und zur Vereindeutung komplexer Zusammenhänge. Je weniger die Arbeit disziplinierе, desto mehr Selbstdisziplin sei vonnöten. Und dazu eine kritische Reflexion über die Institutionen, damit sie in erneuerter Weise zu Mitgaranten von Freiheit würden. Aufgabe der Kirche sei es, *die Ursprünge des christlichen Glaubens und damit des Christentums zu vergegenwärtigen* (These 3), wozu es nötig sei, sich selbstkritisch zu fragen, ob die Kirche ihrem Ursprung treu geblieben sei. Eine offene, lebendige *Kirche lebe von der visionären Kraft des Ereignisses der Auferstehung Jesu von den Toten*. Eine sehr theologische Aussage, die heute kaum noch verstanden werde. Gleichwohl bleibe Zukunft verschlossen ohne einen Glaubensimpuls, ohne die unbeweisbare und unbestreitbare Gewissheit, es werde eine lohnende, lebensvolle Zukunft geben.

Hier schließt sich wieder ein Kreis: Die Verkündigung, Lebensdeutung und Glaubensweckung – oder wie immer man die Identifikation, Rekonstruktion und Transformation des Christlichen in Bibel und Lebenswelt benennen wolle – brauche die Demokratisierung und die Vielfalt kirchlicher „Ämter", damit wirklich die Sprachfähigkeit im Glauben und die Verantwortungsfähigkeit für das Leben erreicht werden können. Und das verstehe sich im Grunde von selbst, sei doch die moderne Lebenswelt hochgradig pluralistisch und in sich differenziert, ein Komplex vernetzter Minderheiten mit zahlreichen offenen und verborgenen Disparitäten und Paradoxien. Von denen seien diese genannt:

· Die Kirchen in Europa geraten mehr und mehr in eine Diaspora-Situation, die deutsche Volkskirche ist längst Volkskirche in der Minderheit. Sie haben ihr Deutungsmonopol verloren.

· Der Glaube, der seinem Selbstverständnis gemäß doch gar nicht gewählt werden kann, sondern mit dem sich die Glaubenden beschenkt wissen, gleichwohl muss angesichts der Vielfalt religiöser Angebote der Glaube gewählt werden.

· Eine der auszuhaltenden Ambiguitäten besteht darin, dass aus innerer Sicht des Glaubens dieser die zuteilgewordene Antwort auf die von Gott gestellte Frage an den Menschen ist, dass aber dort, wo der Mensch keine Fragen mehr stellt, die von Gott an ihn gerichtete Frage weder als Infragestellung noch als Anruf und Berufung, d. h. als Antwort Gottes vernommen werden kann. Der Sache nach, aus theologischer Sicht kommt die Antwort Gottes allemal zuerst. Doch wie kann in einer religionsloser werdenden Welt, die Gott nichts mehr fragen will, weil kaum jemand die kirchliche Lehre als Wort Gottes zu verstehen sich imstande sieht, ohne Frage eine Antwort gehört werden?

· Ein Wertewandel ist heftig im Gange, aber ungenügend beschrieben als Zug von den Pflicht- zu den Selbstentfaltungswerten, denn oftmals stehen dieselben Werte gegeneinander, z. B. wird die Ehe als Institution von der Vorstellung einer Ehe als Liebes- und Treueerweis her kritisiert. Die Wertekritik, zu der auch die Kirchenkritik gehört, geschieht also in Form einer

Authentizitätsprüfung, weil die Werte tief verinnerlicht wurden: Für glaub- und vertrauenswürdig wird nur gehalten, wer sich an die selbst proklamierten Werte tatsächlich hält. So wird alles und werden alle an den eigenen Grundlagen und Versprechen gemessen.

Mit Blick auf die Kirchen prononciert Wilhelm Fahlbusch in dem Ganderkeseer Vortrag 1995: *Die Demokratisierung des Amtes der Verkündigung ist eine notwendige Folge der durch die Verkündigung selbst legitimierten Demokratisierung in allen Teilen der Gesellschaft.* Also ist von der Kirche ein angemessener, zweifellos anstrengender Umgang mit den nicht selten paradoxen, dilemmahaften, aporetischen Folgen der durch ihren Auftrag selbst angestoßenen Freiheit und dem durch sie annoncierten Wertekanon gefordert.

Zur modernen Industriegesellschaft hat Wilhelm Fahlbusch sehr viel Kritisches gesagt. Aber er ist weder Kultur- noch Fortschrittskritiker, am allerwenigsten einer, der dem Fortschrittsglauben verfallen wäre. Als Sohn eines Eisenbahners ist er mit Technik aufgewachsen und kann sich die moderne Lebenswelt ohne Technik nicht vorstellen. Allerdings betont er immer wieder, dass der Wert der Technik an ihrer Dienstbarkeit, d. h. an ihrer Lebensdienlichkeit zu messen ist. Gleicherweise gilt es, den Machtansprüchen technischer Logik bzw. der technischen Wissenschaft und Praxis Grenzen zu setzen. Doch ist das Christentum, ist die Kirche technikfreundlich, ja technikstimulierend, wie die christlichen Utopien im 17. und 18. Jh. zeigen.[111] Mithin ist die moderne Technologie einschließlich der neuen IT-

---

[111] Außer an Ralph CHARBONNIER (siehe Anm. 83) sei erinnert an Hanns LILJE: Das technische Zeitalter, Berlin 1932[3]; Arne MANZESCHKE: Technik als Lebensform? Biotechnologie, Ethik und Anthropologie, in: VuF 59. Jg./2014, Heft 1, S. 50-60; Torsten MEIREIS: Digitalisierung und Wirtschaft 4.0 – Herausforderungen für eine Ethik der Arbeit, in: ZEE 61. Jg./2017, S. 222-239; Volker JUNG: Digital Mensch bleiben, München 2018.

Technik[112] durchaus auch eine Folge des Christentums. In diesem Sinn spricht Wilhelm Fahlbusch überzeugend vom Fortschritt, für den er neben manchen anderen Beispielen die neuen Techniken im Bereich von Medizin und im Gesundheitswesen überhaupt anführt, deren Ambivalenz und den moralischen Entscheidungsdruck enorm steigernden Charakter er keineswegs bestreitet. Ganz besonders hebt er die humanisierende Wirkung neuer Technologien in der Arbeitswelt hervor. Dabei benennt er auch hier die Ambivalenzen der Entwicklung zwischen einerseits begrüßenswerten physischen Entlastungen und klügerem Kräfteeinsatz sowie andererseits neuen psychischen Belastungen bis hin zur persönlich oft schwer erträglichen Umstrukturierung, teilweise auch Wegrationalisierung von Arbeitsplätzen, oft zur Steigerung von Renditen und Börsenkursen. Zudem ist er der Auffassung, dass auch die notwendige ökologische Erneuerung grundsätzlich auf Technikeinsatz angewiesen bleibt.[113]

Indes ist diese in der Gesamtbilanz positive Wertung und Würdigung von Fortschritt für Wilhelm Fahlbusch keinesfalls alles. In seiner Miniatur *Glauben und Fortschritt, Lernen durch Leiden* fragt er 1988 nach dem spezifisch christlichen Beitrag zu dem, was Fortschritt genannt zu werden verdient: *Die Diffamierung des Fortschritts als nicht gelungen oder gar als Gegenentwurf... zur christlichen Reich-Gottes-Hoffnung ... bestärkt das Vorurteil, dass der christliche Glaube eine Vertröstungsideologie sei und mit der konkreten Welt nichts anfangen könne. Was nottut, ist dagegen die Erkenntnis, dass wir durch das Ereignis Jesus Christus hineingenommen sind in eine neue Epoche des göttlichen Schöpfungswerkes und dass wir in ihm schöpferi-*

---

112 Siehe APuZ: Big Data (11-12/2015), Arbeit und Digitalisierung (18-19/2016), Künstliche Intelligenz (6-8/2018), Datenökonomie (24-26/2019).

113 Siehe Hans Joachim Schliep: »Im Anfang war die Technik« – Christlicher Glaube und technische Kultur (erscheint voraussichtlich im Spätherbst 2020).

schen Anteil haben sollen an der Rettung der Welt als Schöpfung. Die ist aber nur möglich, wenn ... Menschsein wieder das Maß und die Gestalt findet, die in dem Menschsein Gottes in Jesus Christus erkennbar geworden ist. ... Der christliche Glaube nimmt teil am Fortschritt der Humanität und fördert sie, indem er mit hilft, eine Zivilisation, eine Kultur der Barmherzigkeit zu schaffen. ... Der Weg zu ihr führt über das Mit-Leiden. Gemeint ist ... die körperliche, geistige und seelische Solidarität mit dem Leiden des Nächsten, das Leiden für ihn, aber auch das Leiden an ihm. Und es ist auch das Leiden an uns selbst gemeint, sofern wir immer dazu neigen, dem Mitleiden aus dem Weg zu gehen. ... Das Mitleiden des christlichen Glaubens ist ein Leiden an der Seite und in der Kraft dessen, der dem Tode die Macht genommen hat, der in seinem Leide das wahre Leben wiedergebracht hat. Das Mitleiden ist also nicht Ausdruck der Ohnmacht gegenüber dem Unveränderlichen und Alten. Golgatha ist nicht die endgültige Besiegelung des Endes, sondern der Anfang des Neuen. Das Kreuz steht immer im Lichte der Auferstehung. Das Mitleiden ist ein Signal der Macht des Lebens.[114]

---

[114] Anders als beabsichtigt folgt hier keine Schlussbemerkung. Denn inzwischen, Ende April 2020, steckt die Menschheit mitten in der SARS-CoV-2-Pandemie, deretwegen auch das für den 2. April 2020 in Kooperation zwischen der Ev.-luth. Landeskirche Hannovers/Kirchlicher Dienst in der Arbeitswelt und der Hochschule Hannover (Fak. 5: Diakonie, Soziales, Gesundheit, früher: Ev. Fachhochschule Hannover) geplante Symposium „Wilhelm Fahlbusch weiterdenken“ auf unbestimmte Zeit verschoben werden musste. Was Wilhelm Fahlbusch unter dem Titel *Fortschritt und Leiden* geschrieben hat, dürfte mit Blick auf die derzeitige bedrückende Gesamtlage aussagekräftig, nachdenkens- und beachtenswert, also ein Schluss sein, der für sich selbst spricht.

Literaturverzeichnis

1 zu Wilhelm Fahlbusch...

1.1 ...veröffentlichte Texte von Wilhelm Fahlbusch

∊ Der entfremdete Mensch. Eine Studie zu Bert Brecht: Der gute Mensch von Sezuan, MPTh 48. Jg./1959, S. 39-49

∊ Der Arbeiter in der Industriegesellschaft – aus der Sicht kirchlicher Industrie- und Sozialarbeit, in: Stimme der Arbeit – Monatsblatt ev. Arbeitnehmer (EAN) und ev. Industrie- und Sozialarbeit in Deutschland, Sonderheft 1/1964, S. 7-12

∊ In der Krippe lag kein Halbgott, in: Stimme der Arbeit 6/1964, S. 9

∊ Vom Kampfverband zum Dienstleistungsbetrieb – Zukunftsaspekte der deutschen Gewerkschaften: Der Funktionär, in: Loccumer Protokolle 12/1969, S. 55-65

∊ Aspekte der Industrie- und Sozialarbeit, in: Materialsammlung für ev. Sozialsekretäre Nr. 18, Friedewald 1969, S. 2-10

∊ Zum Auftrag der Kirche, in: Stimme der Arbeit 7/1970, Ms. ohne Seitenangabe

∊ Der kirchliche Dienst in der Arbeitswelt und der Verkündigungsauftrag der Kirche, in: Die Mitarbeit 1+2/1977, S. 110-122

∊ Ist das Gebot der Liebe strukturalisierbar? botschaft und dienst 5/1977, S. 10-17

∊ Eigenverantwortung und soziale Verpflichtung als Elemente der sozialen Sicherung – aus der Sicht des Protestantismus, in: Michael Günther/Gabriele Ritzke/Eduard Wörmann (Hrsg.): Kirche – Wirtschaft, Vorträge im Studienkreis Kirche/Wirtschaft NRW (Düsseldorf), Gelsenkirchen 1978, S. 69-85

∊ Die unverfügbaren Arbeiter, Luth. Monatshefte (Ausgabe vermutlich nach 1980; im Nachlass befindet sich nur eine undatierte, aber mit „LM" und Seitenangabe versehene Fotokopie), S. 324-326

∊ Die kirchliche Sozialarbeit im Sozialstaat. Gedanken zum 100. Todestag von Johann Hinrich Wichern, in: Die Mitarbeit 2/1981 (30. Jg.), S. 219-226

∊ Hilfen in der Krise, botschaft und dienst 2/1983, S. 29-36

∊ Arbeit – Dienst oder Religion?, botschaft und dienst 4/1983, S. 2-9

∊ Ohne Frage keine Antwort, botschaft und dienst 1/1984, S. 3-7

∊ Die Notwendigkeit einer Fundamentalbildung im Zeitalter der Hochrationalisierung, botschaft und dienst 4/1984, S. 16-23

∊ Wider den Imperialismus des menschlichen Denkens und Handelns, botschaft und dienst 6/1984, S. 8-14

∊ Evangelische Kirche und Arbeiterschaft, Vorlagen 16, Hannover 1984

∊ ...mit Dieter Aschenbrenner: Geht das ‚Eigentliche' verloren? Der Einfluss der Humanwissenschaften in der Kirche, Vorlagen 24/25, Hannover 1985

∊ Die schwarze Christa, botschaft und dienst 1/1985, S. 19-25

∊ Überlegungen zur zukünftigen Gestalt einer Arbeitsethik, in: Wilhelm Fahlbusch/Hartmut Przybylski/Wolfgang Schröter: Arbeit ist nicht alles. Versuche zu einer Ethik der Zukunft, Bochum 1987, S. 99-112

∊ ...mit Karl Heinz Becker/Walter Sohn: »Christus in der Arbeitswelt«, Vorlagen NF 6, Hannover 1988

∊ Glaube und Fortschritt – Lernen und Leiden, botschaft und dienst 2/1988, S. 36-40

∊ Der Kirchliche Dienst in der Arbeitswelt nach 1945, in: Martin Cordes/Rolf Hüper/Elke Helma Rothämel (Hrsg.): Perspektiven zur Sozialen Frage, Hannover 1991, S. 35-46

ϵ Die Anteile der ökumenischen Ethik an der Konzeption der ›Sozialen Marktwirtschaft‹ als Herausforderung an ihre heutige Praxis, in: Klaus HEIENBROK (Hrsg.): FRIEDEWALDER TEXTE 3/1991, S. 21-31

ϵ Orientierungsmöglichkeiten und Integrationsaufgaben im Spannungsfeld von Leben, Lernen und Arbeiten (Eingangsreferat I), in: Evangelische Bildungsarbeit. Standortbestimmung, Diskussion über Ziele – Dokumentation eines Forums der Ev. Kirche in Deutschland (EKD) in Zusammenarbeit mit der Deutschen Ev. Arbeitsgemeinschaft für Erwachsenenbildung e. V. (DEAE) im Kirchenamt der EKD in Hannover am 16./17.9.1992, epd-dokumentation Nr. 11/1993, S. 9-12

ϵ Daseinsvorsorge: Eine gesellschaftliche Aufgabe? Ethische Grundlagen der sozialen Sicherung, in: REKTOR DER EV. FACHHOCHSCHULE HANNOVER (Hrsg.): IpF-Info des Instituts für praxisbezogene Forschung an der EFHH, Heft 1/1996, S. 12-17

1.2 ...SCHRIFTEN, VORTRÄGE, NOTIZEN VON WILHELM FAHLBUSCH AUS DEM NACHLASS (hand- oder maschinenschriftlich)

ϵ zu Bertolt Brecht: Die heilige Johanna der Schlachthöfe; Leben des Galilei; Gedichte und Lieder (alles undatiert, vermutlich zwischen 1955 und 1958)

ϵ Die Gestalt des Funktionärs (undatiert, vermutlich Anfang der 1960er Jahre)

ϵ Die Herausforderung der Christen durch den Marxismus (undatiert, vermutlich Gemeindevortrag in Hannover-Herrenhausen Anfang der 1960er Jahre)

ϵ Gemeinde ohne Diakonie ist tot! Anmerkungen zu theologischen Grundfragen zum Verhältnis von Gemeinde und Diakonie (Ms. ohne weitere Angaben, vermutlich Gemeindevortrag Ende der 1960er Jahre)

ϵ Die Kirche und die Säkularisierung (Ms. aus der Zeit als Landessozialpfarrer, ohne weitere Angaben)

ϵ Was sagt die Kirche zur Mitbestimmung? Referat auf der Betriebsrätetagung der Ev. Akademie Loccum am 29.10.1968 (ms. Kopie des Vortragskonzeptes)

ϵ Thesen zum Thema „Der unverfügbare Mensch" (vermutlich in 1968 auf einer Tagung der Ev. Akademie Loccum, vergilbte ms. Fassung ohne weitere Angaben)

ϵ Ist eine theologische Motivation der Sozialarbeit nötig? Thesen zu einer Tagung der Wichernschule des Stephansstiftes in Hannover am 24.10.1969

ϵ Die Humanisierung der Arbeitswelt (ms. Kopie des Vortragskonzeptes für eine Sendung des NDR im Jahr 1971, ohne weitere Angaben)

ϵ Die Probleme und Organisationsformen der gesellschaftspolitischen Dienstleistung der Evangelischen Kirche in den nächsten Jahrzehnten (Fotokopie eines Beitrags auf der Sitzung der AfG-Leitungskonferenz am 28.03.1972 [Beilage zum Protokoll]), S. 4

ϵ Der Stellenwert der Arbeit im Leben der Menschen (ms. Kopie eines Vortragskonzeptes lediglich mit der Datierung „1973")

ϵ Entstehung, Entwicklung und Bedeutung der wichtigsten theologischen Richtungen im Kontext der Industriegesellschaft (hektographierte Vorlesungsnachschrift aus dem EvFHH-Sommersemester 1975ff)

ϵ Bete und arbeite (Vortragskonzept für vermutlich einen Kirchengemeindevortrag am 12.10.1979, ohne Ortsangabe)

ϵ Anmerkungen zum Berufsbild des Diakons aus der Sicht des Fachbereichs II an der Ev. Fachhochschule in Hannover (Fotokopie einer vermutlich für einen Synodenausschuss erstellten 6-seitigen Ausarbeitung, Datum: 16.10.1980)

- Was kann die Kirche zur Lebensvergewisserung unter veränderten Bedingungen beitragen? (vergilbte und verknickte Fotokopie einiger Seiten aus dem Protokoll einer Loccumer Akademietagung, vermutlich zwischen 1985 und 1990)
- Referat ohne Titel vor der Wirtschaftskammer der Ev. Kirche in Oldenburg am 9.11.1989 im Lutherstift Falkenburg (Themenschwerpunkte: Arbeit, Marktwirtschaft, Mitbestimmung)
- ZEIT-EIN-SICHTEN, 50 Jahre Amt für Gemeindedienst – Festrede am 9.11.1991 in der Ev.-luth. Hof- und Stadtkirche St. Johannis Hannover-Calenberger Neustadt
- Neue Kooperationsformen kirchlicher Altenarbeit (handschriftliches Ms. zu einem Referat vom 20.11.1992 im Kolpinghaus in Fulda)
- Hilfsbedürftigkeit zwischen Wohlfahrt und Willkür, Referat am 10.8.1993 im Stephansstift Hannover im Rahmen des 4. Informations- und Kooperationstreffens zur Diakonischen Fortbildung (hektographiertes Ms.)
- WERTEWANDEL aus theologischer Sicht (Vortrag im Pastoralkolleg Loccum am 14.9.1996)
- Christentum in der Gesellschaft von morgen – Herausforderungen an die visionäre Kraft der Kirche (Ms. eines auf dem RADIUS-FORUM in Ganderkesee am 15.3.1995 gehaltenen Referats)

Im Nachlass befinden sich ebenfalls, allerdings gelegentlich unvollständig die Vorlesungsmanuskripte zur Theologie des Paulus, zur Christologie, zur Pneumatologie und zur Ekklesiologie, zu Martin Luther, zu Leben und Werk Dietrich Bonhoeffers, außerdem Konzepte für Taufen, Trauungen, Beerdigungen, für Predigten und Andachten in der Kapelle der Ev. Fachhochschule Hannover sowie Skizzen für Erzählungen, für persönliche Meditationen und für eigene Gedichte.

1.3 ... ÜBER WILHELM FAHLBUSCH

- Der Kirchliche Dienst in der Arbeitswelt nach 1945, in: Martin CORDES/Rolf HÜPER/Elke Helma ROTHÄMEL (Hrsg.): Perspektiven zur Sozialen Frage, Hannover 1991
- Horst EXNER: Wer schreibt, der bleibt, in: Christiane BURBACH/Ernst Christoph MERKEL (Hrsg): Aufbruch zum Diesseits. Festschrift für Wilhelm Fahlbusch, Hannover 1995, S. 19-35 (dort S. 34+35 W. F.'s Beiträge in botschaft und dienst, versch. Jahrgänge – siehe im Text Anm. 20)
- Klaus HEIENBROK (Hrsg.): Profil und Dialog. FS Prof. Wilhelm Fahlbusch zum 60. Geburtstag, Friedewald 1989
- Franz SEGBERS (Red.): Christus in der Arbeitswelt. Dokumentation der theologischen Tagung am 18. und 19.12.1989 in der Ev. Sozialakademie Friedewald, Friedewalder Texte 1/1991, hg. v. Ev. Sozialakademie Friedewald, Sozialwiss. Institut der EKD (SWI) Bochum und Kirchlicher Dienst in der Arbeitswelt – Industrie- und Sozialarbeit in der Ev. Kirche in Deutschland (KDA-EKD) Bad Boll/Württ.
- Christiane BURBACH/Ernst Christoph MERKEL (Hrsg): Aufbruch zum Diesseits. Festschrift für Wilhelm Fahlbusch, Hannover 1995
- Martin CORDES/Heinrich GROSSE (Hrsg.): »Kirche, guck über deine Mauern!« – Interviews zur Entwicklung des hannoverschen Kirchlichen Dienstes in der Arbeitswelt (KDA) nach 1945, Quellen und Forschungen zum evangelischen sozialen Handeln Bd. 14, Hannover 2002

2 Weitere Literatur (in Auswahl)

- Christian **A**LBRECHT/Reiner ANSELM (Hrsg.): Aus Verantwortung: Der Protestantismus in den Arenen des Politischen – Religion in der Bundesrepublik Deutschland, Tübingen 2019
- Dieter **A**SCHENBRENNER: 60 Jahre Evangelische Fachhochschule Hannover. Kleine Geschichte ihrer Vorgängerorganisationen, Hannover 1987
- Heinrich **B**EDFORD-STROHM/Traugott JÄHNICHEN/Hans-Richard REUTER/Sigrid REIHS/Gerhard WEGNER (Hrsg.): Kontinuität und Umbruch im deutschen Wirtschafts- und Sozialmodell, Jahrbuch Sozialer Protestantismus 1, Gütersloh 2007 (bes. S. 329-347: H. BEDFORD-STROHM: Sozialethik als öffentliche Theologie; S. 348-362: G. WEGNER: Befähigung zur Teilhabe)
- Heinrich **B**EDFORD-STROHM/Traugott JÄHNICHEN/Hans-Richard REUTER/Sigrid REIHS/Gerhard WEGNER (Hrsg.): ZAUBERFORMEL SOZIALE MARKTWIRTSCHAFT. Jahrbuch Sozialer Protestantismus 4, Gütersloh 2010
- Heinrich **B**EDFORD-STROHM/Traugott JÄHNICHEN/Hans-Richard REUTER/Sigrid REIHS/Gerhard WEGNER (Hrsg.): ARBEITSWELTEN. Jahrbuch Sozialer Protestantismus 5, Gütersloh 2011
- Klaus VON **B**ISMARCK/Helmut THIELICKE (Hrsg.): In der Stunde Null. Die Denkschrift des Freiburger Bonhoeffer-Kreises. Politische Gemeinschaftsordnung. Ein Versuch zur Selbstbesinnung des christlichen Gewissens in den politischen Nöten unserer Zeit, Tübingen 1979
- Beate **B**LATZ: Erbstücke aus der hannoverschen Kirchengeschichte – 50 Jahre Amt für Gemeindedienst, Hermannsburg 1991
- Karen L. **B**LOOMQUIST (Hrsg.): Verantwortung füreinander – Rechenschaft voreinander. Neoliberale Globalisierung als Anfrage an die lutherisch Kirchengemeinschaft, LWB-Dokumentation Nr. 50, Genf 2005
- Günter **B**RAKELMANN: Die soziale Frage des 19. Jahrhunderts, Witten 1962 u. ö.
- Günter **B**RAKELMANN: Mitbestimmung am Ende? Kritische Anmerkungen nach dem Mitbestimmungsurteil des BVerfG, in: Theodor STROHM (Hrsg.): Christliche Wirtschaftsethik vor neuen Aufgaben, Zürich 1980, S. 295-311
- Günter **B**RAKELMANN: Zur Arbeit geboren, Bochum 1989
- Günter **B**RAKELMANN: Revolutionäre Elemente der Theologie Luthers und ihre Konsequenzen, in: Klaus HEIENBROK (Hrsg.): Profil und Dialog. FS Prof. Wilhelm Fahlbusch zum 60. Geburtstag, Friedewald 1989, S. 37-57
- Günter **B**RAKELMANN/Traugott JÄHNICHEN (Hrsg.): Die protestantischen Wurzeln der Sozialen Marktwirtschaft, Gütersloh 1994
- Günter **B**RAKELMANN: Humanisierung und Mitbestimmung, in: DERS.: Für eine menschlichere Gesellschaft. Reden und Gegenreden, Bochum 1996, S. 31-38
- Günter **B**RAKELMANN: Kirche, Protestantismus und Soziale Frage im 19. und 20. Jahrhundert, Band 1+2, Münster/Berlin/Wien 2018
- Manuela VOM **B**ROCKE/Hartmut PRZYBYLSKI (Hrsg.): Ansätze evangelischer Sozialethik. Ein Arbeitsbuch, Bochum 2005
- Heinz **B**UDE: Solidarität – Die Zukunft einer großen Idee, München 2019
- Ralph **C**HARBONNIER: Technik und Theologie. Ein theologischer Beitrag zum interdisziplinären Technikdiskurs unter besonderer Berücksichtigung der Theologie Friedrich Daniel Ernst Schleiermachers, Marburg 2003

∊ Ralph CHARBONNIER: Digitalisierung als Thema für Kirche und Theologie – Sondierungen aus hermeneutischer und theologisch-ethischer Sicht, in: epd-dokumentation Nr. 5/2017, S. 8-17

∊ Paul COLLMER/Hermann KALINNA/Lothar WIEDEMANN (Hrsg.): Kirche im Spannungsfeld der Politik, FS für Bischof D. Hermann Kunst D. D. zum 70. Geburtstag, Göttingen 1977

∊ Michael COORS: Altern und Lebenszeit. Phänomenologische und theologische Studien zu Anthropologie und Ethik des Alterns, HUTh 78, Tübingen 2020

∊ Martin CORDES (Hrsg.): „...nur ein Pflästerchen?“ – Evangelisch-soziales Handeln im Industriezeitalter Hannover 1834 bis 1989, Hannover 1989

∊ Martin CORDES/Rolf HÜPER/Elke Helma ROTHÄMEL (Hrsg.): Perspektiven zur Sozialen Frage, Hannover 1991

∊ Christian DANZ: Glaube als Evident-Werden Gottes. Die Überwindung des Historismus bei Friedrich Gogarten, in: DERS.: Gott und die menschliche Freiheit. Studien zum Gottesbegriff der Neuzeit, Neukirchen-Vluyn 2005

∊ Alexander DIETZ: Der homo oeconomicus. Theologische und wirtschaftsethische Perspektiven auf ein ökonomisches Modell, Gütersloh 2005

∊ Daniel DIETZFELBINGER: Die evangelischen Wurzeln der Sozialen Marktwirtschaft. Genese und ethische Bedeutung einer sozioökonomischen Ordnungstheorie, Bad Boll 2011

∊ Joachim DÖRING (Hrsg.): Last und Lust der Tradition – 25 Jahre GOK, MAGOK (Materialien zur Arbeit der Gruppe Offene Kirche) 1/1995

∊ EKD-KIRCHENAMT (Hrsg.): Sozialethische Erwägungen zur Mitbestimmung in der Wirtschaft. Eine Studie der Kammer für Soziale Ordnung, Gütersloh 1968

∊ ...Die soziale Sicherung im Industriezeitalter. Eine Denkschrift, Gütersloh 1973

∊ ...Solidargemeinschaft von Arbeitenden und Arbeitslosen. Sozialethische Probleme der Arbeitslosigkeit, Gütersloh 1982

∊ ...Die neuen Informations- und Kommunikationstechniken. Chancen, Gefahren, Aufgaben verantwortlicher Gestaltung, Gütersloh 1985

∊ ...Gemeinwohl und Eigennutz. Wirtschaftliches Handeln in Verantwortung vor der Zukunft, Gütersloh 1991

∊ ...Evangelisches Bildungsverständnis im Wandel der Arbeitsgesellschaft, EKD-Text 37, Hannover 1991

∊ ...Verantwortung für ein soziales Europa. Herausforderungen einer verantwortlichen sozialen Ordnung im Horizont des europäischen Einigungsprozesses, Gütersloh 1991

∊ .../DBK: Für eine Zukunft in Solidarität und Gerechtigkeit. Wort des Rates der Evangelischen Kirche in Deutschland und der (röm.-kath.) Deutschen Bischofskonferenz zur wirtschaftlichen und sozialen Lage, Gemeinsame Texte 9, Hannover/Bonn 1997

∊ ...Gerechte Teilhabe – Befähigung zu Eigenverantwortung und Solidarität. Eine Denkschrift des Rates der EKD zur Armut in Deutschland, Gütersloh 2006

∊ .../DBK: Gemeinsame Verantwortung für eine gerechte Gesellschaft. Initiative des Rates der EKD und der (röm.-kath.) Deutschen Bischofskonferenz für eine erneuerte Wirtschafts- und Sozialordnung, Gemeinsame Texte 22, Hannover/Bonn 2014

∊ ...Solidarität und Selbstbestimmung im Wandel der Arbeitswelt, Gütersloh 2015

€ ...Religiöse Bildung angesichts von Konfessionslosigkeit. Aufgaben und Chancen, Leipzig 2020

€ Horst EXNER: Von der Christlich-Sozialen Frauenschule des Deutsch-Evangelischen Frauenbundes zur Evangelischen Fachhochschule Hannover. Kommentierte Dokumentation zur Geschichte der Ausbildung zum sozialen Beruf in Hannover von 1905 bis zur Gründung der Ev. Fachhochschule Hannover, Hannover 2005

€ Klaus-Dieter FELDMANN: Die Betriebliche Willensbildung in Deutschland und Frankreich – Sozialökonomische Interessensbildungsprozesse bei der betrieblichen Mitbestimmung in Deutschland und Frankreich von 1815 bis zu ihrer derzeitigen Gestaltungsform, Aachen 1982

€ Georg FUHRMANN: Parteilichkeit als Verpflichtung. Zur Standortbestimmung in der Fortschrittskrise, Vorlagen 7, Hannover 1981

€ Karl GABRIEL/Hans-Richard REUTER/Andreas KURSCHAT/Stefan LEIBOLD (Hrsg.): Religion und Wohlfahrtsstaatlichkeit in Europa, Tübingen 2013

€ Friedrich W. GRAF: Friedrich Gogartens Deutung der Moderne. Ein theologiegeschichtlicher Rückblick, ZfKG 100. Bd. (1989), S. 169-230

€ Jürgen HABERMAS: Auch eine Geschichte der Philosophie, Band 1: Die okzidentale Konstellation von Glauben und Wissen, Band 2: Vernünftige Freiheit. Spuren des Diskurses über Glauben und Wissen, Berlin 2019

€ Klaus HAEFNER: Die neue Bildungskrise, Reinbek 1985

€ Wolf-Dieter HAUSCHILD (Hrsg.): Profile des Luthertums – Biographien zum 20. Jahrhundert, Gütersloh 1998 (zu Friedrich Gogarten)

€ Ludger HEIDBRINK: Kritik der Verantwortung. Zu den Grenzen verantwortlichen Handelns in komplexen Kontexten, Weilerswist 2003

€ Axel HONNETH: Das Recht der Freiheit. Grundriss einer demokratischen Sittlichkeit, Berlin 2013

€ Wolfgang HUBER: Protestantismus und Protest, Reinbek 1987

€ Wolfgang HUBER: Dietrich Bonhoeffer - Auf dem Weg zur Freiheit, München 2019

€ Ernst-Ulrich HUSTER: Konsens im sozialen Konflikt: zur Relativität sozialer Gerechtigkeit aus kirchlicher Sicht. Die wirtschafts- und sozialpolitische Programmatik der Kirchen in der BRD, in: Heidrun ABROMEIT/Göttrik WEWER (Hrsg.): Die Kirchen und die Politik, Opladen 1989, S. 180-200

€ Ernst-Ulrich HUSTER: Arbeiten unter technologischen und ökonomischen Strukturveränderungen in der Automobilindustrie, in: Hinrich BUSS/Werner LÄWEN (Hrsg.): Kirche vor den Werkstoren – VW und evangelische Kirche in Wolfsburg, Hannover 1991, S. 89-136

€ Traugott JÄHNICHEN: Vom Industrieuntertan zum Industriebürger. Der soziale Protestantismus und die Entwicklung der Mitbestimmung (1848-1955), Bochum 1993

€ Traugott JÄHNICHEN/Torsten MEIREIS/Johannes REHM/Sigrid REIHS/Hans-Richard REUTER/Gerhard WEGNER (Hrsg.): DRITTER WEG? Arbeitsbeziehungen in Kirche und Diakonie, Jahrbuch Sozialer Protestantismus 8, Gütersloh 2015

€ Traugott JÄHNICHEN/Torsten MEIREIS/Johannes REHM/Sigrid REIHS/Hans-Richard REUTER/Gerhard WEGNER (Hrsg.): NACHHALTIGKEIT, Jahrbuch Sozialer Protestantismus 9, Gütersloh 2016

€ Wilfried JOEST: »Verhängnis und Hoffnung der Neuzeit«. Kritische Gedanken zu Friedrich Gogartens Buch, KuD 1. Jg. (1955), S. 70-83

∈ Matthias JUNG (Hrsg.): Jenseits der Mauern „kirchlicher Tradition und Gewohnheit". Die Geschichte des Kirchlichen Dienstes in der Arbeitswelt der Ev.-luth. Landeskirche Hannovers (Hauptbeitrag von Dirk Riesener), Hamburg 2020

∈ Matthias JUNG (Hrsg.): Menschen stärken, Sachen klären, Position beziehen. Wie Kirche den Wandel in der Arbeitswelt mitgestaltet, Leipzig 2020

∈ Volker JUNG: Digital Mensch bleiben, München 2018

∈ Herbert KOCH: Die Mitbestimmungsidee in der evangelisch-sozialen Tradition, ZEE Heft 2/1976 (20. Jg.), S. 114-123

∈ Matthias KROEGER: Friedrich Gogarten. Leben und Werk in zeitgeschichtlicher Perspektive, Stuttgart/Berlin/Köln 1997

∈ André LEROI-GOURHAN: Hand und Wort. Die Evolution von Sprache, Technik und Kunst, Frankfurt/M. 1987

∈ Hanns LILJE: Das technische Zeitalter, Berlin 1932[3]

∈ Arne MANZESCHKE: Technik als Lebensform? Biotechnologie, Ethik und Anthropologie, in: VuF 59. Jg./2014, Heft 1, S. 50-60

∈ Peter MARSHALL: Die Reformation in Europa, Ditzingen 2014

∈ Joachim MATTHES: Die Emigration der Kirche aus der Gesellschaft, Hamburg 1964

∈ Torsten MEIREIS: Tätigkeit und Erfüllung. Protestantische Ethik im Umbruch der Arbeitsgesellschaft, Tübingen 2008

∈ Torsten MEIREIS: Digitalisierung und Wirtschaft 4.0 – Herausforderungen für eine Ethik der Arbeit, in: ZEE 61. Jg./2017, S. 222-239

∈ Michael MOXTER: Rechtfertigung und Anerkennung. Zur kulturellen Bedeutung der Unterscheidung von Person und Werk, in: Hans Martin DOBER/Dagmar MENSINK (Hrsg.): Die Lehre von der Rechtfertigung des Gottlosen im kulturellen Kontext der Gegenwart, Hohenheimer Protokolle 57, Stuttgart 2002, S. 20-42

∈ Alfred MÜLLER-ARMACK: Genealogie der Wirtschaftsstile, Stuttgart 1944

∈ Alfred MÜLLER-ARMACK: Das Jahrhundert ohne Gott. Zur Kultursoziologie unserer Zeit, Münster 1948

∈ Alfred MÜLLER-ARMACK: Religion und Wirtschaft, Stuttgart 1959

∈ Joachim LANGE/Gerhard WEGNER (Hrsg.): Beruf 4.0 – Eine Institution im digitalen Wandel, Baden-Baden 2019

∈ Otto LANGE/Albrecht BUNGEROTH (Hrsg.): Soziale Marktwirtschaft und ökumenische Sozialethik, Sonderheft MAGOK zur Einführung der Marktwirtschaft in der DDR, Stade/Gifhorn 1990

∈ Kurt LIEDTKE: Wirklichkeit im Licht der Verheißung. Der Beitrag Ernst Langes zu einer Theorie kirchlichen Handelns, Würzburg 1987

∈ Manfred LINZ (Hrsg.): Die sog. Politisierung der Kirche, Hamburg 1968

∈ Weyma LÜBBE (Hrsg.): Kausalität und Zurechnung, Berlin/New York 1994

∈ Weyma LÜBBE: Verantwortung in komplexen kulturellen Prozessen, Freiburg/München 1998

∈ Frieder LUDWIG: Gemeinden anderer Sprache und Herkunft, in: Woldemar FLAKE (Red.): Ökumenische Akzente 2017, hrsg. v. Haus kirchlicher Dienste der Ev.-luth. Landeskirche Hannovers, Hannover 2017, S. 21-26

∈ Konrad RAISER: Parteinahme und Brüderlichkeit und die Aufgabe der Versöhnung, in: botschaft und dienst, Heft 5/1977, S. 10 bis 21

∈ Arthur RICH: Christliche Existenz in der industriellen Welt, Zürich 1957 є Arthur RICH: Die Weltlichkeit des Glaubens. Diakonie im Horizont der Säkularisierung, Zürich 1966

є Arthur RICH: Mitbestimmung in der Industrie, Zürich 1973

є Arthur RICH/Eberhard ULICH (Hrsg.): Arbeit und Humanität, Königstein/Ts. 1978

є Arthur RICH: Wirtschaftsethik I+II, Gütersloh 1984+1992

є Paul RICŒUR: Wege der Anerkennung: Erkennen, Wiedererkennen, Anerkanntsein, Frankfurt/M. 2006

є Dirk RIESENER: Volksmission zwischen Volkskirche und Republik. 75 Jahre Haus kirchlicher Dienste (Amt für Gemeindedienst [AfG]), Hannover 2012

є Dietrich RÖSSLER: Grundriss der Praktischen Theologie, Berlin/New York 1993

є Hans Joachim SCHLIEP: Die soziale Verantwortung der Kirche – Eine Erinnerung an Abt Gerhard Uhlhorn, JGNKG 90, 1992, S. 185-200

є Hans Joachim SCHLIEP: Kirche in der Erlebnisgesellschaft, MPTh 6/1996 (85. Jg.), S. 211-224

є Hans Joachim SCHLIEP: Der Evangelisch-Soziale Kongress in Hannover 1905, JGNKG 111, 2013, S. 191–219

є Hans Joachim SCHLIEP: Protestantische Ethik und moderner Sozialstaat – Fernwirkungen der Reformation. Ein Kongressbericht, in: Gerhard WEGNER (Hrsg.): Die Legitimität des Sozialstaates, Leipzig 2015, S. 293-309

є Hans Joachim SCHLIEP: Theodor Lohmann – ein lutherischer Sozialreformer, JGNKG 114, 2016, S. 173-226

є Walter SOHN: Der soziale Konflikt als ethisches Problem, Gütersloh 1971

є Theodor STROHM: Theologie im Schatten politischer Romantik. Eine wissenschaftssoziologische Anfrage an die Theologie Friedrich Gogartens, München/Mainz 1970

є Theodor STROHM (Hrsg.): Diakonie an der Schwelle zum neuen Jahrtausend. Ökumenische Beiträge, Heidelberg 2000

є Horst SYMANOWSKI/Fritz VILMAR (Hrsg.): Die Welt des Arbeiters. Junge Pfarrer berichten aus der Fabrik, Frankfurt/M. 1964[4]

є Horst SYMANOWSKI: Kirche und Arbeitsleben: Getrennte Welten? Impulstexte aus 1950–2000 und ihre bleibende Herausforderung, Münster 2005

є Klaus TANNER: Organisation und Legitimation. Zum internen Stellenwert politischer Stellungnahmen der Ev. Kirche in Deutschland, in: Heidrun ABROMEIT/Göttrik WEWER (Hrsg.): Die Kirchen und die Politik, Opladen 1989, S. 201-220

є Paul TILLICH: Gläubiger Realismus I (1927), Gläubiger Realismus II (1928), in: Manfred BAUMOTTE (Hrsg.): Tillich-Auswahl Bd. 1, Gütersloh 1980, S. 288-317

є Paul TILLICH: Die Bedeutung der Religionsgeschichte für den systematischen Theologen (posthum 1966), Wiederabdruck in Manfred BAUMOTTE (Hrsg.): Tillich-Auswahl, Bd. 2: Die Zweideutigkeiten des Lebens, Gütersloh 1980, S. 288-300

є Paul TILLICH: Liebe – Macht – Gerechtigkeit, Berlin/New York 1991

є Michael WEINRICH: Der Wirklichkeit begegnen… – Studien zu Buber, Grisebach, Gogarten, Bonhoeffer und Hirsch, Neukirchen-Vluyn 1980

є Ulrike WINKLER/Hans-Walter SCHMUHL: Dem Leben Raum geben. Das Stephansstift in Hannover (1869-2019), Bielefeld 2019

є Matthias WÖHRMANN: Engagement für Kirchenreform in Synode und Landeskirche: die »Gruppe Offene Kirche«, in: Heinrich GROSSE/Hans OTTE/Joachim PERELS (Hrsg.): Kirche in bewegten Zeiten, Hannover 2011, S. 305-323

Printed by Books on Demand GmbH, Norderstedt / Germany